Inge Walz

Makramee

Blumenampeln

Es ist noch gar nicht so lange her, daß man Pflanzen auf Fensterbrettern, Tischen oder auf den Fußboden stellte. Inzwischen ist man dazu übergegangen, die Pflanzen durch Blumenampeln in Augenhöhe so zu plazieren, daß sich für den Betrachter eine neue und sehr reizvolle Perspektive ergibt.

Blumenampeln fügen sich harmonisch in fast jede Umgebung ein, sie können überall aufgehängt werden: auf dem Balkon, in Fensternischen, Wohnzimmern, Treppenaufgängen, im Garten. Man kann wirkungsvolle Effekte durch verschiedene Farben und Stärken der Garne erzielen und sie mit passenden Holzscheiben, -ringen, Perlen usw. kombinieren. Die Auswahl der Gefäße, die man für die Ampeln verwendet, ist fast unbegrenzt und reicht von Töpfen, Schalen, Trögen über Scheiben, Gläser, Kessel bis zur Vase.

Ampeln sind nicht nur Schmuckstücke; man kann Obstschalen oder Holzscheiben als Buch- bzw. Zeitungsablage anstatt der Blumentöpfe verwenden und so eine reizvolle Kombination von Schmuck und praktischem Gegenstand erzielen.

Versuchen Sie doch mal die abgebildeten Ampeln nachzuknüpfen. Sollten die fertigen Ampeln auch manchmal nicht exakt so aussehen wie auf den Fotos, so haben Sie der Ampel eine persönliche Note gegeben. Haben Sie im Laufe des Knüpfens andere Ideen, so lassen Sie sie doch in die Knüpfarbeit einfließen.

Dieses Buch soll für Sie eine Anregung zum Knüpfen sein und Ihre Phantasie und Kreativität anregen.

1

1. Alle 16 Fäden über den Metallring legen, vorne und hinten gleich lang. Mit 2x4 Fäden über 24 Mittelfäden 2 Weberknoten knüpfen. Fäden in 4 Gruppen zu je 8 Fäden teilen. Muster pro Strang: 1 Weberknoten (4 Knüpf-, 4 Einlagefäden), Fäden teilen zu 2 Weberknotenbändern à 5 Knoten, mit 1 Weberknoten (4 Knüpf-, 4 Einlagefäden) zusammenhalten. Mit den 2 mittleren Fäden 1 Überhandknoten, 1 Olive einziehen, 1 doppelten Überhandknoten, 1 Olive, 1 Überhandknoten. Rechts und links davon je 1 Wellenknotenband à 30 Knoten gegengleich (je 2 Knüpf-, 1 Einlagefaden), dabei die Knoten eng zusammenschieben und mit 1 Weberknoten (4 Knüpf-, 4 Einlagefäden) zusammenhalten. Fäden wieder teilen zu 2 Weberknotenbändern à 5 Knoten (je 2 Knüpf-, 2 Einlagefäden), mit 1 Weberknoten (4 Knüpf-, 4 Einlagefäden) zusammenhalten. Mit den mittleren 4 Fäden 1 Feigenknoten (bestehend aus 1 Weberknoten, 9 Flechtknoten wechselnder Breite, 1 Weberknoten), rechts und links je 1 Band à 13 Schlingenknoten gegenseitig fertigen, dabei sind die äußeren Fäden die Knüpf-, die inneren Fäden die Leitfäden. Die Schlingenknotenbänder in leichtem Bogen um den Feigenknoten legen und wieder mit 1 Weberknoten (4 Knüpf-, 4 Einlagefäden) zusammenhalten. Die anderen 3 Stränge gleich knüpfen.

2. Mit den nebeneinanderliegenden 8 Fäden von 2 Bän-

Finnland

Länge 1,40 m

Material:
Sisal 4fach, ⌀ 6-8 mm
1 Holzbrett 70x40x2 cm mit 4 Löchern, ⌀ 2 cm
1 Metallring, ⌀ 12 cm
12 Holzoliven braun, 6 cm lang
Zuschnitt:
16 Fäden à 10,40 m
Zum Abbinden 2 Fäden à 1,20 m

dern nach ca. 6 cm 1 Brezelknoten (2x4 Fäden). Mit den außenliegenden 4 Fäden je 5 Weberknoten. Alle Fäden des Weberknotenbandes durch 1 Olive ziehen, Fäden des Brezelknotens wieder teilen und an jeder Seite 8 Fäden durch das Holzbrett ziehen, mit 1 Überhandknoten direkt unter dem Brett befestigen. Die anderen Stränge gleich arbeiten. Nach jedem Überhandknoten ca. 15–16 cm Rundkordel knüpfen, 2 Kordeln zur Mitte legen und mit extra Faden abbinden. Andere Seite genauso. Fäden nach ca. 25 cm abschneiden und ausfransen.

(Die Knotenzeichnungen finden Sie auf den Seiten 47 bis 49.)

Burgund

Länge 1,40 m

Material:
  Makrameegarn gezwirnt, ⌀ 7-8 mm
  4 Rohholzkugeln, ⌀ 5 cm
  6 Rohholzkugeln, ⌀ 4 cm
  1 dreieckiges Holzbrett, Länge 75 cm,
  Höhe 35 cm
  1 Rohrring oder Metallring, ⌀ 10 cm
Zuschnitt:
  9 Fäden à 11,20 m
  1 Faden à 3,20 m

1. Den 3,20 m langen Faden in den Metall- oder Rohrring einhängen und mit Schlingenknoten gegenseitig einknüpfen. Enden verknoten und abschneiden. Die restlichen Fäden in den Ring einhängen, Fäden in 3 Gruppen zu je 6 Fäden teilen.

2. Rechtes Band: Von der Mitte nach außen je eine Rippenknotenreihe, mit den mittleren 4 Fäden 1 Weberknoten. Die Rippenknotenreihe wieder zur Mitte hin fortsetzen, dabei die Leitfäden in Höhe des Weberknotens etwas nach außen ziehen, damit eine gleichmäßige Raute entsteht. Bogenornament: Mit den mittleren 2 Fäden 3 Kettknoten fertigen, rechts und links davon je ein Band von 7 Schlingenknoten gegenseitig, dabei jeweils den inneren Faden als Leitfaden nehmen. Das Kettknotenband senkrecht anziehen, die Schlingenknotenbänder kreisförmig um das Kettknotenband legen und mit einem Band von 12 cm Wellenknoten (4 Einlage-, 2 Knüpffäden) zusammenhalten. Die mittleren 4 Fäden durch 1 Holzkugel mit 5 cm ∅ ziehen, Fäden fest anziehen, die beiden Knüpffäden um die Kugel legen und wieder 12 cm Wellenknoten knüpfen. Bogenornament wiederholen (Fäden wechseln – kurze in die Mitte). 12 cm Wellenknoten, 1 Überhandknoten und alle Fäden durch das Loch des Brettes ziehen. Fäden straff anziehen und unter dem Brett nochmals einen Überhandknoten knüpfen. Mit den beiden längsten Fäden über 4 Einlagefäden ein Band von 14 Weberknoten arbeiten.

3. Linkes Band: Gleich wie rechtes Band.

4. Mittleres Band: 1 Erbsmusche (4 Einlage-, 2 Knüpffäden), von außen zur Mitte hin je 2 Rippenknoten.

Bogenornament, 12 cm Wellenknoten, die mittleren 4 Fäden durch eine Holzkugel, 5 cm ∅, ziehen, 12 cm Wellenknoten, Bogenornament (Fäden wechseln – kurze in die Mitte), 12 cm Wellenknoten, 1 Überhandknoten. Alle Fäden durch das Brett ziehen. Wieder 1 Überhandknoten. Ein Band von 9 Weberknoten (4 Einlage-, 2 Knüpffäden), mit den beiden längsten Fäden knüpfen. Alle 3 Stränge zur Mitte nehmen und mit dem längsten Faden abbinden. Fäden in 4 Gruppen zu je 4 Fäden teilen und je ein Band von 7 Weberknoten knüpfen

(2 Knüpf-, 2 Einlagefäden). Die restlichen 2 Fäden durch eine Kugel ziehen. Die Weberknotenbänder in leichtem Bogen um die Kugel legen, die durch die Kugel gehenden Fäden straff anziehen und mit dem längsten Faden dicht unter der Kugel abbinden. Bei 6 Fäden in verschiedener Höhe je eine kleine Kugel einziehen und mit einem Überhandknoten befestigen. Die anderen Fäden mit je einem Überhandknoten versehen und abschneiden.

Talisman

Länge 1,60 m

Material:
Jute natur, ∅ 6-7 mm
2 Holzkugeln, ∅ 5 cm
18 Holzkugeln geflammt, ∅ 2 cm
8 Holzoliven geflammt
1 Holzbrett, ∅ ca. 20 cm
1 Hufeisen oder sonstigen Talisman
Zuschnitt:
1 Faden à 15,50 m
4 Fäden à 8,50 m
3 Fäden à 13,50 m
8 Fäden à 1,50 m

1. Alle 8,50 m und 13,50 m langen Fäden parallel nebeneinanderlegen, in der Mitte mit dem 15,50 m langen Faden über alle Fäden ein Band von 10 Schlingenknoten gegenseitig knüpfen. Das Band zu einer Schlaufe legen und mit dem längsten Faden über alle Fäden abbinden.

2. Die 2 längsten Fäden durch 1 Holzkugel, ∅ 5 cm, ziehen. Mit den restlichen Fäden 7 Kettknotenbänder à 6 Knoten in leichtem Bogen um die Kugel legen und mit einem Faden aus der Kugel abbinden.

3. Mit den beiden längsten Fäden das Hufeisen in Weberknoten befestigen, abbinden.

4. Punkt 2 wiederholen.

5. Fäden in 4 Gruppen zu je 2 kurzen und 2 langen Fäden teilen. Muster für den 1. und 3. Strang: (kurze Fäden als Einlagefäden) 8 Weberknoten, beide Einlagefäden durch 1 Olive ziehen, 16 Wellenknoten, je 1 Knüpffaden durch 1 Holzkugel ziehen, 16 Wellenknoten, beide Einlagefäden durch 1 Olive ziehen, 8 Weberknoten, Fäden teilen zu je 2 Strängen à 4 Kettknoten.

6. Muster für den 2. + 4. Strang: 16 Wellenknoten, die beiden Einlagefäden durch 1 Olive ziehen, 8 Weberknoten, je 1 Knüpffaden durch 1 Holzkugel, 8 Weberknoten, die beiden Einlagefäden durch 1 Olive ziehen, 16 Wellenknoten, Fäden teilen zu 2 Kettknotenbändern à 4 Knoten.

7. Jeweils von 2 Kettknotenbändern den inneren Faden versetzt durch 1 Holzkugel ziehen, die beiden äußeren Fäden um die Kugel herumlegen, wieder teilen zu je 2 Kettknotenstränge à 4 Knoten, die beiden mittleren Fäden wieder versetzt durch 1 Holzkugel ziehen, die äußeren Fäden um die Kugel herumlegen, 1 Weberknoten (2 Knüpf-, 2 Einlagefäden) unter die Kugel setzen. Fäden 8 cm lang straff spannen und mit den beiden längsten Fäden über alle Fäden 6 Wellenknoten arbeiten. Fäden in 2 Gruppen zu je 3 Fäden und 1x4 Fäden, und in 3 Gruppen zu je 2 Fäden aufteilen. Mit je 2 Fäden ein Band von ca. 20 cm Kettknoten. Mit je 3 Fäden (2 Knüpf-, 1 Einlagefaden) und 1x4 Fäden (2 Knüpf-, 2 Einlagefäden) ca. 20 cm Wellenknoten. Jedes Band mit 1 Überhandknoten abschließen. Fransenlänge ca. 10 cm.

8. Einhängen der Fäden für das Holzbrett: Nach den beiden 1. Holzkugeln über die je 2 Einlagefäden pro Strang 2 Fäden legen und nach jeder Seite 5 Kettknoten fertigen. Alle Stränge zur Mitte nehmen und mit den beiden längsten Fäden mit Wellenknoten zusammenhalten. Die beiden Knüpffäden durch je 1 Holzkugel ziehen und mit 1 Überhandknoten befestigen. Die restlichen Fäden nach ca. 5–6 cm abschneiden.

Blumenpyramide (3teilige Ampel für Töpfe)

Länge 1,70 m

Material:
Makrameegarn gezwirnt, ⌀ 5 mm
16 Holzkugeln braun, ⌀ 1 cm
12 Holzoliven, 3 cm lang, braun
1 Metallring verchromt, ⌀ 5 cm
Zuschnitt:
4 Fäden à 16,10 m
4 Fäden à   6,20 m

1. Fäden abwechslungsweise im Metallring einhängen (lang-kurz-lang usw.). Mit einem Weberknoten zusammenhalten (2 Knüpf-, 14 Einlagefäden).
2. Kleiner Topf: Fäden in 4 Gruppen zu je 2 langen und 2 kurzen Fäden aufteilen. Muster pro Strang: 1 Wellenknotenspirale, 10 cm lang, dabei die kurzen Fäden als Einlagefäden nehmen, diese beiden Fäden durch 1 Olive ziehen, wieder 10 cm Wellenknoten. Die anderen 3 Stränge gleich knüpfen. Fäden 5 cm lang straff spannen, versetzt 1 Weberknoten (mit 2 x 2 Fäden), 4 cm lang straff spannen, versetzt je 1 Weberknoten, 3,5 cm straff spannen und die Ampel mit 5 Runden eng versetzten Weberknoten schließen.
3. Mittlerer Topf: Fäden in 4 Gruppen zu je 2 langen und 2 kurzen Fäden aufteilen. Muster pro Strang: 4 Kettknoten mit 2 x 2 Fäden, 1 Weberknoten, die 2 Einlagefäden durch 1 Olive ziehen, 1 Weberknoten, 5^1/$_2$ Kettknoten. Die restlichen 3 Stränge gleich knüpfen. Fäden 6 cm lang straff spannen, versetzt je 1 Weberknoten, 5,5 cm straff spannen, versetzt je 1 Weberknoten, 5 cm straff spannen und mit 5 Runden eng versetzten Weberknoten schließen.
4. Großer Topf: Fäden wieder in 4 Gruppen zu je 2 langen und 2 kurzen Fäden aufteilen. Muster pro Strang: 10 cm Wellenknoten (kurze Fäden in die Mitte), die beiden Einlagefäden durch 1 Olive ziehen, 20 cm Wellenknoten. Die anderen 3 Stränge gleich knüpfen. Fäden 7 cm straff spannen, versetzt je 1 Weberknoten, Fäden 6,5 cm straff spannen, versetzt 1 Weberknoten, Fäden 6 cm straff spannen und mit 5 Runden eng versetzten Weberknoten schließen. Jedes Fadenende in verschiedenen Höhen mit 1 Holzkugel versehen und mit einem Überhandknoten befestigen.

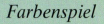

Farbenspiel

Länge 1,30 m

Material: *Makrameegarn gezwirnt, ⌀ 7–8 mm*
     1 Rohrring, ⌀ 10 cm
Zuschnitt: *6 Fäden à 8,20 m (beige)*
     6 Fäden à 8,90 m (rot)
     Ring: 1 Faden à 3,20 m (beige)
     1 Faden à 2,80 m (rot)

1. Ring einknüpfen: Den 2,80 m langen roten Faden
in Ring einhängen und ca. 12 Schlingenknoten gegenseitig um den Ring herum knüpfen, dabei zwischen jedem Knoten Fäden locker lassen (ca. 1 cm
Abstand). Beigen Faden einhängen und in die Zwi-
schenräume nochmals Schlingenknoten gegenseitig
knüpfen. Enden zusammenknoten und abschneiden.
2. Über die Knoten werden die Knüpffäden wie folgt
über den Ring gelegt, vorne und hinten gleich lang:
3 beige – 3 rote – 3 beige – 3 rote. Die Fäden in 4 Gruppen zu je 3 beigen und 3 roten Fäden aufteilen. Mit
allen Fäden einen 13 cm langen Strang Kronenknoten
fertigen. Mit einem Weberknoten (2 x 2 Knüpffäden)
über die restlichen 20 Fäden zusammenhalten.
3. Fäden in 6 Gruppen zu je 2 beigen und 2 roten
Fäden aufteilen. Muster pro Strang: Die beigen Fäden
als Einlagefäden nehmen, mit den roten Fäden knüpfen; 30 Wellenknoten, 1 Weberknoten. Jetzt werden
die hellen Fäden nach außen genom-
men; 1 Erbsmusche, 12 Weberknoten,
1 Erbsmusche, am abschließenden
Weberknoten der 2. Erbsmusche wieder
die roten Fäden nach außen nehmen;
25 Wellenknoten, 1 Weberknoten. Die
restlichen 5 Stränge gleich knüpfen.
4. Fäden 6,5 cm lang straff spannen
und jeweils versetzt 2 x 2 Fäden mit
einem Weberknoten zusammenhalten.
Die Fäden wieder 5 cm lang straff
spannen, mit 1 Weberknoten versetzt
zusammenknüpfen. Fäden 6 cm straff spannen
und mit einem extra Faden abbinden.
5. Fäden in 6 Gruppen teilen, je 2 rote, 2 beige, und daraus
6 Stränge Rundkordel, je 21 cm lang knüpfen, jede Kordel
mit einem Überhandknoten abschließen,
Fransenlänge 4 cm.

Phantasie

Länge 1,60 m

Material:

Makrameegarn gedreht, $\varnothing$ 5 mm
32 Holzkugeln gebeizt, $\varnothing$ 3 cm
3 Holzkugeln gebeizt, $\varnothing$ 5 cm
1 Rohrring, $\varnothing$ 18 cm
1 Metallring, $\varnothing$ 5 cm

Zuschnitt:

6 Fäden à 16,30 m
6 Fäden à 14,30 m
4 Fäden à 14,30 m
8 Fäden à 3,40 m (für Obstschale)

1. 6 Fäden à 16,30 m im Metallring einhängen. Fäden in 4 Gruppen zu je 3 Fäden teilen. 4 Wellenknotenbänder (2 Knüpf-, 1 Einlagefaden), die mittleren 2 Bänder 10 cm lang, die beiden äußeren 13 cm lang knüpfen. Je ein kurzes und ein langes Wellenknotenband mit 1 Weberknoten (2 Knüpf-, 4 Einlagefäden) zusammenfassen. Die 5-cm-$\varnothing$-Kugel waagrecht zwischen die beiden Weberknoten legen und von jedem Weberknoten die beiden inneren Fäden durch die Kugel ziehen. (Die 2 rechten Fäden nach links, die linken 2 Fäden nach rechts.) 6 weitere Fäden à 14,30 m durch die Kugel ziehen, auf beiden Seiten gleich lang.

Rechte Seite: Mit den übrigen 4 Fäden, die nicht durch die Kugel gezogen wurden, 1 Weberknoten (zur Seite hin) knüpfen. 4 weitere Fäden aus der Kugel dazunehmen und darunter 2 Weberknoten versetzt fertigen. 7 weitere Reihen versetzte Weberknoten, in den Reihen, in denen nur 1 Weberknoten steht, mit den beiden äußeren Fäden 1 Schlingenknoten arbeiten. Fäden teilen und mit jeweils 4 Fäden 6 Wellenknoten knüpfen. Die Wellenknotenspiralen weit gespreizt mit Rippenknoten an Rohrring anknüpfen.

Linke Seite: wie rechte Seite arbeiten.

Vorderseite: Jetzt hängen an jeder Kugelöffnung noch 4 Fäden. Mit 2 Fäden von rechts und 2 Fäden von links 1 Weberknoten, Fäden teilen und 2 Kettknotenbänder à 6 Knoten arbeiten, 1 Band nach rechts und 1 Band nach links legen und an jeder Seite in der 4. Reihe versetzte Weberknoten, das Kettknotenband zwischen 2 Weberknoten durchziehen, beide Fäden durch 1 Holzkugel von 3 cm $\varnothing$ ziehen, 2 Kettknoten, die Kettknotenstränge zwischen den beiden Wellenknotenbändern ebenfalls mit Rippenknoten am Rohrring anknüpfen.

Rückseite: Mit den restlichen 4 Fäden nach der Kugel von rechts und links 1 Weberknoten. Fäden teilen zu 2 Kettknotenbändern à 10 Knoten, ein Band nach rechts und ein Band nach links nehmen und in der 8. Reihe versetzte Weberknoten, zwischen 2 Weberknoten durchziehen und neben dem oberen Kettknotenband am Rohrring mit Rippenknoten anknüpfen.

Feigenknoten: Unterhalb der Kugel, über die beiden Weberknoten 4 Fäden durchziehen, vorne und hinten gleich lang. Auf jede Seite 1 Feigenknoten (2 Knüpf-, 2 Einlagefäden) wie folgt arbeiten: 1 Weberknoten, 11 Flechtknoten wechselnder Breite, 1 Weberknoten), mit Rippenknoten am Rohrring anknüpfen.

2. Obstschale einknüpfen: Fäden für Obstschale wie folgt in Doppelaufhängung am Rohrring einhängen: Rechts und links neben jedem Feigenknoten je 1 Faden = 4 Fäden, rechts und links neben beiden Kettknotenbändern je 1 Faden = 4 Fäden. Fäden zur Mitte hin straff spannen und alle Fäden durch 1 große Holzkugel ziehen. Fäden in 4 Gruppen zu je 4 Fäden aufteilen. Muster pro Strang: * 2 Weberknoten, Fäden 1,5 cm straff spannen, 1 Weberknoten, 1,5 cm straff spannen, ab * 2mal wiederholen, 1 Weberknoten, 1 Erbsmusche (Fäden wechseln, kurze in die Mitte). Ab * bis zur Erbsmusche wiederholen, nochmals 1,5 cm Abstand – 1 Weberknoten – 1,5 cm

Abstand – 2 Weberknoten. Fäden 8 cm straff spannen und mit dem längsten Faden abbinden. Fäden nach 15 cm abschneiden und ausfransen.

3. Die Fäden der Wellenknotenbänder teilen und mit jeweils 2 Fäden 10 Schlingenknoten arbeiten. Jetzt hängen noch 4x4 Fäden am Rohrring. Muster pro Strang: Mit 4 Fäden jeweils von der Mitte schräg nach außen 1 Rippenknotenreihe, dabei rechts und links je 1 Schlingenknotenband mit einknüpfen.

1. Raute: Mit den mittleren Fäden 1 Würfelknoten, von außen schräg zur Mitte die Rippenknotenreihe fortsetzen, mit den rechten und linken Fäden zwischen jeder Raute jeweils 1 Weberknoten fertigen.

2. Raute: Webmuster (auf – ab – auf).

3. Raute: 1 Weberknoten (2 Knüpf-, 4 Einlagefäden).

4. Raute: 1 Brezelknoten, mittlere 2 Fäden spannen, darüber mit den 2 rechten und 2 linken Fäden knüpfen.

5. Raute: 1 Schlingenknoten.

6. Raute: 1 Erbsmusche (2 Knüpf-, 4 Einlagefäden).

7. Raute: 1¹/₂ Kettknoten.

8. Raute: Mit 3 Fäden rechts und 3 Fäden links je 4 Wellenknoten gegengleich (2 Knüpf-, 1 Einlagefaden).

9. Raute: 1 Wellenknoten.

10. Raute: Mit den rechten und linken 3 Fäden jeweils ein Band von 3 Weberknoten, das rechte Band über das linke legen.

11. Raute: Mit allen 6 Fäden 1 Überhandknoten.

12. Raute: 1 Rippenknotenreihe waagrecht, dabei den rechten und linken Außenfaden gegeneinanderlegen und darüber mit den restlichen 4 Fäden je 1 Rippenknoten knüpfen.

13. Raute: Je 3 Schlingenknoten gegenseitig arbeiten, dabei jeweils den inneren Faden als Leitfaden nehmen.

Nach der letzten Raute rechts und links einen Weberknoten, Fäden teilen und mit jeweils 4 Fäden 6 Reihen Rippenknoten von der Mitte nach außen knüpfen, jedes Band mit 7 Weberknoten (2 Knüpf-, 2 Einlagefäden) fortsetzen. Die anderen 3 Bänder genauso arbeiten.

4. Abschluß: Jeweils 2 Weberknotenbänder versetzt mit 1 doppelten Raute (2 Rippenknotenreihen) zusammenknüpfen, in die Mitte der Raute 1 Weberknoten aus 4 Fäden setzen. Wieder teilen, je 7 Weberknoten, 6 Reihen Rippenknoten von der Mitte nach außen. Jeweils 2 Rippenknotenbänder versetzt mit 1 Weberknoten zusammenhalten, mit 2 Fäden über sämtliche Mittelfäden 5 Weberknoten. Die 7 mittleren Fäden durch eine große Holzkugel ziehen. Die restlichen Fäden in 5 Gruppen zu je 5 Fäden teilen.

Muster pro Strang: (kurze Fäden in die Mitte nehmen) 1 Erbsmusche (2 Knüpf-, 3 Einlagefäden), 12 cm Wellenknoten. Die anderen 4 Bänder gleich knüpfen und bogenförmig um die Kugel legen und mit 6 Fäden aus der Kugel über alle Fäden 2 Wellenknoten arbeiten. Durch je 3 Knüpffäden 1 Holzkugel ziehen und direkt am letzten Wellenknoten mit 1 Überhandknoten befestigen. Die restlichen Fäden in verschiedenen Höhen je mit 1 Kugel versehen und mit 1 Überhandknoten befestigen.

Blumentrog

Länge 1,25 m
Material:
  Makrameegarn, ⌀ 3,5 mm
  1 Holzstab, 20 cm lang
  8 Holzkugeln, ⌀ 1 cm
  1 Holzkugel, ⌀ 2 cm
  2 Holzoliven, 2 cm lang
  1 Holz- oder Metallring, ⌀ 5 cm
Zuschnitt:
  6 Fäden à 9,40 m
  6 Fäden à 5,00 m
  6 Fäden à 2,50 m (Aufhänger)

1. Die 9,40 m und 5 m langen Fäden abwechslungsweise am Stab einhängen. Mit den äußeren 3 Fäden auf jeder Seite Wellenknoten knüpfen, die Länge richtet sich nach dem Mittelmuster (2 Knüpf-, 1 Einlagefaden). Von beiden Seiten über 8 Fäden 1 Rippentour gegen die Mitte, leicht nach oben gebogen; 2. Rippentour gegen die Mitte leicht nach unten gebogen (Blattform), beide Leitfäden durch 1 Holzkugel, 2 cm ∅, ziehen und von der Mitte nach außen wieder je 2 gebogene Rippentouren fertigen. Mit allen Fäden wieder 2 Rippenknotenreihen waagrecht.

2. Mit den Außenfäden rechts und links je ein Band von ca. 32 cm Wellenknoten knüpfen (darauf achten, daß die kurzen Fäden immer in der Mitte sind! – evtl. auswechseln), die 2 Einlagefäden durch 1 Olive ziehen und wieder ca. 5 cm Wellenknoten, die Länge richtet sich nach den mittleren Strängen.

3. Die mittleren 16 Fäden in 4 Gruppen zu je 2 langen und 2 kurzen Fäden aufteilen. 4 Bänder mit Schlingenknoten im Wechsel (einmal den Schlingenknoten über 2 Mittelfäden mit dem rechten Faden, dann mit dem linken Faden über jeweils 2 Mittelfäden ausführen), dabei unbedingt darauf achten, daß die kurzen Fäden in der Mitte sind. Nach 25 Knoten je 2 nebeneinanderliegende Fäden durch 1 Kugel ziehen, ca. 25 weitere Knoten, auf gleicher Höhe wie das Wellenknotenband mit 1 Weberknoten abschließen. Die Schlingenknoten nicht zu fest anziehen!

4. Die Knotenstränge in je 2 Gruppen teilen und jeweils 5 Kettknoten fertigen, versetzt mit 1 Weberknoten zusammenhalten, wiederholen, teilen zu je 5 Kettknoten, an den beiden Seiten rechts und links je 10 Knoten (s. Zeichnung), wieder versetzt mit 1 Weberknoten zusammenhalten.

5. Mit dem längsten Faden abbinden und Fäden nach ca. 25 cm abschneiden, jedes Fadenende mit 1 Überhandknoten versehen.

6. Aufhänger: Alle 6 Fäden à 2,50 m in Ring einhängen, 2 Knotenbänder à 10 Kettknoten mit 2 x 3 Fäden mit Rippenknoten am Stab anknüpfen, abbinden und abknoten.

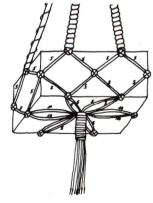

Taiga

Länge 1,80 m

Material:
Viskose-Sisal, ⌀ 6-8 mm
1 Metallring, ⌀ 12 cm
1 Metallring, ⌀ 25 cm
20 Holzkugeln braun, ⌀ 1 cm
32 Holzoliven braun, 3 cm lang
Zuschnitt:
16 Fäden à 11,30 m
kleiner Ring: 1 Faden à 4,50 m
großer Ring: 1 Faden à 11,60 m
1 Faden à 3,00 m

1. Den Metallring, ⌀ 12 cm, mit dem 4,50 m langen Faden mit Schlingenknoten gegenseitig einknüpfen.

2. Den 3 m langen Faden am großen Metallring einhängen, um den Ring legen und mit Perlonfaden leicht am Reif befestigen. Enden abschneiden und verkleben. Den 11,60 m langen Faden am Reif einhängen und um den ganzen Reif Wellenknoten arbeiten, dabei immer nach 10 Knoten die beiden Knüpffäden durch je 1 Kugel ziehen – insgesamt 100 Wellenknoten. Nach dem letzten Knoten die beiden Knüpffäden durch die Schlingen des 1. Knotens ziehen und vernähen.

3. Alle 16 Fäden über den kleinen Ring legen, vorne und hinten gleich lang und mit extra Faden abbinden (Rest). 10 Stränge wie folgt knüpfen:

1. Mit 2 Fäden 6 Kettknoten,
2. mit 4 Fäden (2 Knüpf-, 2 Einlagefäden) Wellenknoten, gleich lang wie das Kettknotenband,
3. wie 2. Wellenknoten,
4. wie 1. Kettknoten,
5. wie 2. Wellenknoten,
6. wie 1. Kettknoten,
7. wie 2. Wellenknoten,
8. wie 2. Wellenknoten,
9. wie 1. Kettknoten,
10. wie 2. Wellenknoten.

Die einzelnen Bänder zwischen den Perlen am großen Ring mit je 1 Überhandknoten befestigen (Kettknoten 1 Faden vor – 1 Faden hinter dem Ring, Wellenknoten 2 Fäden vor – 2 Fäden hinter dem Ring).

4. Mit den je 4 Fäden 5. und 10. Band (zwischen 2 Kettknotenbändern) 23 cm Wellenknoten 1 Weberknoten knüpfen (2. Band gegenüberliegend).

5. Zackenmuster: Pro Seite rechts und links je 3 Zacken. – Mit den 2 Fäden der Kettknotenbänder beginnen (von links nach rechts knüpfen), dabei den rechten Faden als Leitfaden nehmen und 3 Schlingenknoten gegenseitig knüpfen. Daneben die 4 Fäden der Wellenknotenbänder teilen, nach links 3 Schlingenknoten gegenseitig – linker Faden Leit-, rechter Faden Knüpffaden), die beiden Schlingenknotenbänder mit 1 Weberknoten zusammenknüpfen. Mit den danebenliegenden Fäden 2 weitere Zacken knüpfen. Gegenüberliegend wiederholen.

6. Mit den 4 Fäden der mittleren Zacke jeweils ein Band von 17 cm Wellenknoten, 1 Weberknoten knüpfen. (Wichtig! Die 4 Wellenknotenbänder müssen genau gleich lang sein, evtl. ausgleichen.) Jedes Wellenknotenband teilen zu je 2 Kettknotenbändern à 3 Knoten, jeweils 2 Kettknotenbänder versetzt mit 1 Weberknoten zusammenhalten. Wieder teilen und je 1¹/₂ Kettknoten fertigen. Versetzt 3 Runden Weberknoten. Fäden wieder in 4 Gruppen teilen. Kurze Fäden in die Mitte und je 1 Band von 15 Weberknoten knüpfen.

7. Muster pro Band für große Schale: Nach 1 Zacke weitere 2 Bänder à 3 Schlingenknoten gegenseitig (wie Zacke) arbeiten. Den rechten Faden nach links und den linken Faden nach rechts legen und über diese beiden Fäden als Leitfäden mit den mittleren 2 Fäden 2 Rippenknoten waagrecht knüpfen. Wieder teilen zu 2 Schlingenknotenbändern gegenseitig, beide Bänder mit 1 Erbsmusche zusammenhalten. Punkt 7 2mal wiederholen, jedoch beim

2. Wiederholen statt der Erbsmusche 1 Weberknoten arbeiten und unbedingt Fäden austauschen (kurze Fäden in die Mitte). 1 Weberknotenband aus der Mitte dahinterlegen und beide Bänder zusammen mit dem längsten Faden abbinden. Fäden teilen und 2 Wellenknotenspiralen à 25 cm lang knüpfen. Die anderen 3 Bänder genauso arbeiten.

8. Versetzt jeweils 2 Wellenknotenspiralen mit 1 Rippenknotenreihe zusammenknüpfen, dabei jeweils den rechten und den linken Faden waagrecht gegeneinanderlegen und als Leitfäden nehmen. Mit den mittleren 4 Fäden jeweils 1 Band von 15 Weberknoten arbeiten. Nach ca. 10 cm Abstand mit den Fäden der Rippenknotenreihe versetzt 1 Brezelknoten. Fäden wieder spannen. Alle Fäden am Ende der Weberknotenbänder mit einem extra Faden abbinden. Zum Schluß jedes Fadenende mit einer Holzolive versehen.

Tropicana

Länge 1,30 m

Material:
Makrameegarn gezwirnt, Ø 5 mm
1 Metallring, Ø 5 cm
1 Metallreif, Ø 28 cm
12 Holzoliven geflammt, 4,5 cm lang
36 Holzkugeln geflammt, Ø 2 cm
Zuschnitt:
6 Fäden à 2,00 m
9 Fäden à 5,50 m
großer Korb: 3 Fäden à 7,30 m,
3 Fäden à 4,20 m
mittlerer Korb: 3 Fäden à 6,50 m,
3 Fäden à 3,90 m
kleiner Korb: 3 Fäden à 5,80 m,
3 Fäden à 3,50 m
Reif einknüpfen: 1 Faden à 6,80 m
Ring einknüpfen: 1 Faden à 1,50 m
Fransen: 36 Fäden à 0,80 m

1. Den kleinen Metallring mit dem 1,50 m langen Faden mit Schlingenknoten gegenseitig einknüpfen. Enden zusammenknoten und abschneiden.
2. Großer Reif mit dem 6,80 m langen Faden in Schlingenknoten gegenseitig einknüpfen. Enden zusammenknoten und abschneiden.
3. Kleiner Korb: Die 3 x 5,80 und 3 x 3,50 m langen Fäden über den eingeknüpften Metallreif legen, vorne und hinten gleich lang, mit einem Überhandknoten befestigen. Fäden in 3 Gruppen zu je 2 kurzen und 2 langen Fäden teilen. Muster pro Strang: (kurze Fäden als Einlagefäden) 1 Feigenknoten (bestehend aus 1 Weberknoten, 7 Flechtknoten wechselnder Breite, 1 Weberknoten), beide Einlagefäden durch 1 Holzkugel ziehen, nochmals 3 Feigenknoten, dazwischen jeweils 1 Holzkugel.

Fäden teilen, mit jeweils 2 Fäden 6 Schlingenknoten gegenseitig knüpfen, dabei je die äußeren Fäden als Leitfäden und die inneren Fäden als Knüpffäden nehmen. Die anderen 2 Stränge genauso knüpfen. Jeweils 2 Schlingenknotenstränge versetzt mit 1 Weberknoten zusammenhalten, wieder teilen und je 6 Schlingenknoten gegenseitig arbeiten, diesmal die inneren Fäden als Leitfäden und die äußeren Fäden als Knüpffäden wieder versetzt mit einem Weberknoten zusammennehmen. Fäden 5 cm straff spannen und mit dem längsten Faden abbinden. Fäden nach ca. 15 cm abschneiden und ausfransen.
4. Mittlerer Korb: Die 3 x 6,50 und 3 x 3,90 langen Fäden nach 1 Drittel des Reifs befestigen und knüpfen wie kleiner Korb (Punkt 3), jedoch jeweils 5 Feigenknoten pro Strang und insgesamt 12 Holzkugeln einknüpfen. Abschluß je nach Korbgröße jeweils zwischen 5 und 6 Schlingenknoten gegenseitig.
5. Großer Korb: Die 3 x 7,80 und 3 x 4,20 langen Fäden im selben Abstand einhängen und knüpfen wie kleiner Korb (Punkt 3), jedoch 6 Feigenknoten pro Strang und 15 Holzkugeln einknüpfen. Abschluß jeweils 7 Schlingenknoten gegenseitig.
6. Oberer Teil: Die 6 x 2,00 und 7 x 5,50 langen Fäden parallel nebeneinanderlegen, in der Mitte mit den 2 restlichen Fäden in der Mitte ein Band von 6 Weberknoten knüpfen (4 Knüpf-, 13 Einlagefäden). Den kleinen Metallring einziehen, das Weberknotenband zu einer Schlaufe legen und mit dem längsten Faden abbinden. Fäden in 3 Gruppen zu je 6 Fäden (4 lang – 2 kurz) und dazwischen in 3 Gruppen zu je 4 Fäden (2 lang – 2 kurz) teilen. Muster pro Strang: Kurze Fäden als Einlagefäden in die Mitte. Muster pro Strang mit **4** Fäden: 4 Feigenknoten (bestehend aus 1 Weberknoten, 9 Flechtknoten wechselnder Breite, 1 Weberknoten). Am Reif jeweils an den Aufhängefäden eines Korbes anknoten. Die anderen

2 Stränge in der gleichen Weise knüpfen und befestigen.

Muster pro Strang mit **6** Fäden: Über 4 Einlagefäden 1 Weberknoten. Die 2 kurzen Fäden durch 1 Olive ziehen. Rechts und links davon jeweils 7 Schlingenknoten gegenseitig bogenförmig um die Olive legen und direkt unter der Olive mit 1 Weberknoten befestigen; für die Schlingenknoten gegenseitig jeweils den äußeren Faden als Knüpffaden und die inneren Fäden als Leitfäden verwenden. 3mal wiederholen.

3 Fäden vor und 3 Fäden hinter den Reif legen und abbinden. Fäden nach ca. 7 cm abschneiden und ausfransen. Unbedingt darauf achten, daß alle 6 Stränge gleich lang sind, evtl. mit den Feigenknoten korrigieren – und in gleichen Abständen am Reif befestigt werden.

7. Die 36 Fäden in 2er-Gruppen in gleichmäßigen Abständen am Reif einhängen (zwischen jedem Knotenstrang 3 Gruppen). Jede Gruppe mit 1 Weberknoten beginnen. Mit den 4 Fäden rechts von 1 Überhandknoten beginnen, dabei die 2 Fäden direkt neben dem Überhandknoten hängenlassen, mit den 2 rechten Fäden 3 Schlingenknoten gegenseitig fertigen, dabei den rechten Faden als Leitfaden nehmen. Mit den mittleren 4 Fäden je 3 Schlingenknoten gegenseitig knüpfen, dabei die äußeren Fäden als Leitfäden nehmen. Mit den nächsten 4 Fäden wieder je 2 Schlingenknotenbänder gegenseitig à 3 Knoten knüpfen. Rundherum die anderen Bänder gleich arbeiten und jeweils die 2 Fäden neben einem Überhandknoten und einer Quaste hängenlassen. Dazwischen je 2 Stränge versetzt mit 1 Überhandknoten zusammenhalten. Nach 5 cm abschneiden und ausfransen. Jeweils den Knotenstrang links von einer Quaste oder eines Überhandknotens der Körbe in leichtem Bogen darüberlegen und auf der Rückseite des Reifs mit dem rechtsgelegenen Knotenstrang zusammenknoten.

Japanischer Blumenhänger

Länge 1,20 m

Material:
  Makrameegarn gezwirnt, ∅ 5 mm
  1 Metallring, ∅ 5 cm
  2 Rohrringe, ∅ 15 cm
  2 Rohrringe, ∅ 12 cm
  4 Holzoliven, 4,5 cm lang, geflammt
  12 Holzkugeln geflammt, ∅ 2 cm
Zuschnitt:
  16 Fäden à 12,30 m
  8 Fäden à 0,70 m

1. 8 Fäden à 12,30 m über den Metallring legen, vorne und hinten gleich lang, mit 2 Fäden von rechts und 2 Fäden von links über alle Mittelfäden 2 Weberknoten knüpfen. 8 Kettknotenbänder à 4 Knoten mit Rippenknoten an kleinem Rohrring anknüpfen. Zwischen jedes Kettknotenband 1 weiterer Faden in Doppelaufhängung am Ring einhängen.
2. Ornament: Fäden in 4 Gruppen zu je 8 Fäden teilen (pro Ornament 8 Fäden). Mit dem rechten Faden als Leitfaden 3 Rippenknoten schräg zur Mitte, mit dem linken Faden als Leitfaden genauso 3 Rippenknoten schräg zur Mitte, die beiden Leitfäden durch 1 Holzkugel ziehen, mit den rechten 3 Fäden und mit den linken 3 Fäden je 1 Weberknoten arbeiten, dabei jeweils die 2 nebeneinanderliegenden Fäden der Weberknoten miteinander verschlingen (ineinander einhängen). Mit den beiden Mittelfäden als Leitfäden wieder je 1 Rippenkno-

tenreihe schräg nach außen arbeiten, die anderen 3 Ornamente genauso knüpfen. Alle Fäden mit Rippenknoten am großen Rohrring anknüpfen.
3. 2 Reihen versetzte Weberknoten, Abstand von Reihe zu Reihe ca. 1 cm. 2 nebeneinanderliegende Fäden von 2 Weberknoten durch 1 Olive ziehen, rechts und links neben der Olive 1 Faden lose hängenlassen, daneben mit 4 Fäden 1 Weberknoten in Höhe der Olive. Darunter 2 versetzte Weberknotenreihen wie oben. Sämtliche Fäden mit Rippenknoten an 2. großen Rohrring anknüpfen.
4. Punkt 2 wiederholen und wieder alle Fäden am 2. kleinen Rohrring mit Rippenknoten anknüpfen.
5. Unterhalb jeder Kugel 2 Fäden hängenlassen, rechts und links davon je einen Faden à 0,70 m am Rohrring einhängen. Mit den mittleren Fäden als Leitfäden nach jeder Seite 1 Rippenknotenreihe schräg nach außen. Von jeder Seite die 2 kurzen Fäden in der Mitte des Rippenknotendreiecks mit einem Überhandknoten verbinden, jeweils 2 kurze Fäden versetzt durch 1 Holzkugel ziehen, ca. 5 cm lange Fransen stehenlassen.
6. Mit den restlichen 8 Fäden pro Strang je 20 Reihen versetzte Weberknoten (Abstand von Reihe zu Reihe ca. 1–2 cm). Mit 1 Weberknoten pro Band abschließen. Von rechts und links je 1 Rippenknotenreihe schräg zur Mitte knüpfen. Mit den beiden Leitfäden je 7 Kettknoten, mit den 3 rechten und 3 linken Fäden je ein Band von 7 Weberknoten (2 Knüpf-, 1 Einlagefaden). Versetzt jeweils 2 Weberknotenbänder mit 1 Brezelknoten (2 x 3 Fäden) verbinden; wieder teilen zu je 7 Weberknoten. Das Kettknotenband spannen und mit 2 Weberknotenbändern versetzt mit 1 Weberknoten zusammenhalten. Fäden 10 cm straff spannen und abbinden. 8 Wellenknotenbänder ca. 15 cm lang knüpfen, jedes Band mit 1 Überhandknoten abschließen.

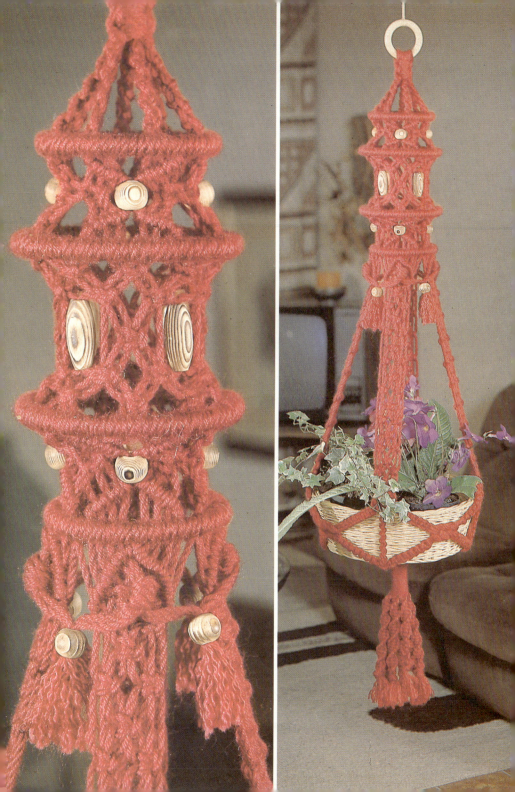

Florentiner Kugel

Länge 1,65 m

Material:
Viskose-Sisal, ⌀ 6-8 mm
3 Metallreifen, ⌀ 50 cm
2 Holzringe gebeizt, ⌀ 15 cm
1 Rohrring, ⌀ 12 cm
Perlonfaden

Zuschnitt:
Rohrring: 1 Faden à 4,50 m
Metallreif: 3 Fäden à 18-19 m
6 Fäden à 4,30 m
Ampel: 6 Fäden à 6,80 m
8 Fäden à 4,20 m

[handwritten: Mat 22.-]
[handwritten annotations: zu kurz, 4,50, 57, 25,80, 40 80, 25 60, 153,70]
[handwritten: werden nicht benötigt.]

1. Metallreifen einknüpfen (Vorbereitung):
2 Fäden à 4,30 m am Reif einhängen, um
den Reif legen und mit Perlonfaden leicht
am Reif festbinden. Die Enden abschneiden
und verkleben. Den 18–19 m langen Faden
am Reif einhängen und um den ganzen
Reifen Wellenknoten knüpfen. Nach dem
letzten Knoten die beiden Knüpffäden durch
die Schlingen des 1. Knotens ziehen. Die
beiden anderen Reifen genauso arbeiten;
die Fadenenden der Knüpffäden hängenlassen, bis die Reifen später in die Ampel
eingearbeitet werden.

2. Aufhängering einknüpfen: Den 4,50 m
langen Faden am Rohrring einhängen und
den Ring mit Schlingenknoten gegenseitig
umknüpfen. Anfang und Ende zusammenknoten, Fäden abschneiden. Die restlichen
14 Fäden über den eingeknüpften Rohrring
legen, vorne und hinten gleich lang, über
alle Fäden abbinden. *[handwritten: 6 + 8]*

3. Alle 6,80 m langen Fäden in die Mitte
nehmen und in 4 Gruppen zu je 3 Fäden
aufteilen und ein Band von ca. 30 cm Länge
Kronenknoten knüpfen.

4. Alle 4,20 m langen Fäden nach dem
Abbinden spannen und nach ca. 5 cm mit
Rippenknoten am 1. Holzring anknüpfen.

a) 4 Bänder zu je 7 Weberknoten (2 Knüpf- und 2 Einlagefäden) knüpfen.
b) Versetzt noch einmal 4 Bänder zu je 7 Weberknoten, dabei den 1. Knoten fest anziehen, damit das Weberknotenmuster ganz dicht am Kronenknotenband anliegt.
c) Nochmals versetzt 7 Weberknoten je Band, dabei den 1. Knoten fest anziehen. Alle Fäden mit Rippenknoten am 2. Holzring anknüpfen und jeweils mit 4 Fäden (der 4,20 m langen Fäden) einen Überhandknoten dicht unter den Ring setzen. Fäden nach 10 cm abschneiden und ausfransen.

5. Die Weberknotenbänder etwas nach oben ziehen, damit sie in leichtem Bogen vom Kronenknotenband abstehen. In Höhe des 2. Holzringes immer 3 Fäden des Kronenknotenbandes (zwischen die Weberknotenbänder) mit Rippenknoten am 2. Holzring anknüpfen. Das Kronenknotenband eher etwas kürzer arbeiten, da es sich durch das Gewicht der Blumenschale in der Länge ausdehnt. Die Fäden des Kronenknotenbandes wieder zur Mitte nehmen und weitere 15 cm fortsetzen, dabei vor dem 1. Knoten jeweils 3 Fäden mit einer Häkelnadel durch die Schlingen des letzten Knotens ziehen, damit das Band ohne Unterbrechung fortgesetzt werden kann.

6. Die 3 eingeknüpften Metallreifen wurden kugelförmig ineinandergeschoben, dabei darauf achten, daß die Reifenabstände gleich sind und die Knüpffäden nach unten hängen. Die 12 Fäden des Kronenknotenbandes halbieren, straff um die Reifen legen und fest abbinden. Fransenlänge 12 cm.

7. Um den unteren Kreuzungspunkt der Reifen die Knüpffäden straff nach unten ziehen und gut abbinden. Fäden nach 20 cm abschneiden und ausfransen.

8. Die einzelnen Weberknotenbänder können zum Schluß noch an ihren Kreuzungspunkten am Kronenknotenband mit Perlonfaden festgenäht werden, damit die Bogen nicht in die Länge gezogen werden.

Inka

(Bild nächste Seite)

Länge 1,10 m

Material:
Makrameegarn gezwirnt, $\varnothing$ 5 mm
1 Metallring verchromt, $\varnothing$ 5 cm
4 Holzringe braun lackiert, $\varnothing$ 5 cm
Zuschnitt:
4 Fäden à 10,50 m (orange)
4 Fäden à 5,00 m
1 Faden à 1,20 m (Ring)
8 Fäden à 2,30 m (hellbeige)
8 Fäden à 4,50 m

1. Den 1,20 m langen Faden im Metallring einhängen und mit Schlingenknoten gegenseitig einknüpfen. Enden verknoten und abschneiden.

2. Alle 8 orangen Fäden über den Ring legen, vorne und hinten gleich lang. 1 Weberknoten. Fäden in 4 Gruppen zu je 2 langen und 2 kurzen Fäden aufteilen.

3. Muster pro Strang: 23 cm Wellenknoten (2 Knüpf-, 2 Einlagefäden), darauf achten, daß die kurzen Fäden immer in die Mitte genommen werden. Mit dem längsten Faden abbinden. 1 Holzring waagrecht mit Rippenknoten anknüpfen, wieder mit dem längsten Faden abbinden, 23 cm Wellenknoten. In 2 Gruppen zu je 2 Fäden teilen und je 6$^{1}/_{2}$ Kettknoten knüpfen. Die anderen 3 Bänder genauso arbeiten.

4. Jeweils 2 Kettknotenbänder versetzt mit 1 Erbsmuschel zusammenknüpfen, wieder teilen und je 5 Kettknoten versetzt mit 1 Erbsmuschel verbinden. Darunter je 7 Weberknoten, in der Mitte zusammenhalten und mit dem längsten Faden abbinden.

5. An jedes Fadenende einen Kapuzinerknoten knüpfen.

6. An jeden Holzring zwischen 2 orangen Fäden je 1 kurzen und darüber (s. Zeichn. S. 47) den langen Faden einhängen. Muster

pro Strang: (kurze Fäden als Einlagefäden in die Mitte) 15 Wellenknoten, 2 nebeneinanderliegende Wellenknotenbänder mit 1 Weberknoten zusammenknüpfen (4 Knüpf-, 4 Einlagefäden). Wieder teilen zu 2 Weberknotenbändern à 5 Knoten, mit 6 Weberknoten (4 Knüpf-, 4 Einlagefäden) wieder verbinden. Mit den 2 rechten und 2 linken Fäden je 1 Band von 6 Kettknoten, mit den mittleren 4 Fäden 1 Band von 10–12 Weberknoten knüpfen. Das Weberknotenband hinter der Erbsmusche durchziehen. Die anderen 3 Stränge gleich knüpfen.

7. Versetzt jeweils 2 Kettknotenstränge mit 1 Weberknoten verbinden, wieder teilen zu je 6 Kettknoten. Versetzt je 2 Kettknotenstränge und 1 Weberknotenband, mit 1 Weberknoten zusammenknüpfen, dabei mit den Knüpffäden des Weberknotenbandes auch den Abschlußweberknoten ausführen. Die Knüpffäden mit 1 Überhandknoten versehen. Fäden nach ca. 7 cm abschneiden und ausfransen.

Doppeltes Lottchen

Länge 1,90 m

Material:
Viskose-Sisal, ∅ 6-8 mm
1 Metallring, ∅ 5 cm
1 Rohrring, ∅ 12 cm
8 gebeizte Holzkugeln, ∅ 3 cm
4 gebeizte Holzkugeln, ∅ 4 cm
Zuschnitt:
4 Fäden à 15,80 m
4 Fäden à 7,00 m
8 Fäden à 4,50 m (kleiner Korb)

1. Alle 15,80 und 7 m langen Fäden über den Metallring legen, vorne und hinten gleich lang, mit 2 Weberknoten (2 Knüpf-, 14 Einlagefäden) zusammenhalten. In 4 Gruppen zu je 2 langen und 2 kurzen Fäden aufteilen, je ein Band von 20 cm Wellenknoten knüpfen, mit Rippenknoten alle Fäden am Rohrring anknüpfen.

2. Fäden wieder in 4 Gruppen teilen. Muster pro Strang: 1 Erbsmusche; darauf achten, daß die kurzen Fäden immer die Einlagefäden sind; 30 cm Wellenknoten, 1 Weberknoten, die beiden Einlagefäden durch 1 kleine Kugel ziehen, 1 Weberknoten, 26 cm Wellenknoten, die beiden Einlagefäden durch 1 große Kugel ziehen, 36 cm Wellenknoten, 1 Weberknoten, Einlagefäden durch 1 kleine Kugel ziehen, 1 Weberknoten. Das Band teilen und 2 Kettknotenstränge à 7 Knoten fertigen. Die 3 restlichen Stränge genauso knüpfen.

3. Jeweils 2 Kettknotenstränge versetzt mit 1 Erbsmusche zusammenhalten, wieder teilen und je 6 Kettknoten versetzt mit 1 Erbsmusche zusammenknüpfen, nochmals teilen und je 5 Kettknoten fertigen. Mit dem längsten Faden abbinden. Fransenlänge ca. 25 cm.

4. Einhängen des kleinen Korbes: Unterhalb der 1. Kugel über die beiden Einlagefäden jeweils 2 Fäden legen, auf beiden Seiten gleich lang. Weiterknüpfen wie Abschluß großer Korb, Knotenzahl der Kettknotenstränge diesmal 6, 5 und dann 4, jedoch nur beim 1. Versetzen 1 Erbsmusche, sonst mit Weberknoten zusammenhalten. Mit dem längsten Faden abbinden und Fäden ausfransen.

Eule

Länge 1,40 m

Material:
    Jute, ⌀ 3,5 mm
    2 Holzstäbe oder Äste, ca. 20 cm lang
    2 grüne Holzkugeln, ⌀ 2 cm
    4 Holzoliven geflammt, 4,5 cm lang
Zuschnitt:
    14 Fäden à 8,40 m
    2 Fäden à 7,60 m

1. 12 Fäden à 6,40 m parallel nebeneinanderlegen, die restlichen 2 Fäden à 6,40 m in der Mitte einhängen und mit 2 x 2 Knüpffäden über 24 Einlagefäden ein Band von 10 Weberknoten knüpfen. Das Band zu einer Schlaufe legen und mit einem Weberknoten zusammenhalten. Die Fäden in 7 Gruppen zu je 4 Fäden teilen. Mittleres Band – 4$^{1/2}$ Kettknoten, rechts und links davon je ca. 9 cm Wellenknoten, die nächsten Bänder je 6 Kettknoten, die äußeren Bänder je 10$^{1/2}$ cm Wellenknoten. Den 1. Stab mit Rippenknoten anknüpfen, darauf achten, daß die Knotenbänder fächerförmig angeordnet und mit einer geschlossenen Linie enden.
2. Rechts und links mit 2 x 2 Fäden (2 Knüpf-, 2 Einlagefäden) ein Band von je 12 Weberknoten knüpfen. In der Mitte 4 nebeneinanderliegende Weberknoten, so daß rechts und links davon noch je 2 Fäden übrig sind.
Augenbrauen: Je 2 Rippenknotenreihen leicht gebogen zur Mitte hin arbeiten, dabei jeweils den äußeren Faden als Leitfaden nehmen.
Nase: Mit den mittleren 6 Fäden einen Weberknoten und 1 Erbsmusche (4 Knüpf-, 2 Einlagefäden).

Augen: Jeweils die neben der Nase liegenden 3 Fäden durch 1 Kugel ziehen.
Backen: Mit den restlichen 4 Fäden rechts und links je ein Band von 8 Weberknoten knüpfen.
Körper: Von der Mitte schräg nach außen je 1 Rippenknotenreihe, mit den mittleren 4 Fäden 1 Weberknoten, rechts und links jeweils die äußeren 4 Fäden hängenlassen und mit den restlichen 20 Fäden 15 Reihen versetzte Weberknoten knüpfen.
Füße: Fäden teilen und jeweils die mittleren 2 Fäden hängenlassen, zuerst 2, darunter 1 Weberknoten arbeiten. Mit 4 Knüpffäden über 6 Mittelfäden einen Weberknoten.
Flügel: Auf jeder Seite mit den restlichen 4 Fäden ein Band von 18 Weberknoten, Flügel mit Rippenknoten an den 2. Stab anknüpfen. Daneben je einen 6,40 m langen Faden am Stab einhängen.
Pro Seite die Fäden der Füße über den Stab legen und gut abbinden (je 5 Fäden vor und 5 Fäden hinter den Stab).
3. Nach dem Abbinden auf jeder Seite die Fäden in 2 Gruppen zu je 8 Fäden teilen. Muster pro Strang: * Mit 2 Knüpffäden über 6 Einlagefäden 5 Weberknoten, Fäden weiter teilen und 2 Wellenknotenspiralen 7 cm lang (je 2 Knüpf- und 2 Einlagefäden) fertigen, mit 5 Weberknoten wieder zusammenhalten, die 4 mittleren Fäden durch 1 Olive ziehen. Die 2 rechten und 2 linken Fäden neben der Olive straff spannen (jetzt unbedingt Fäden austauschen – kurze Fäden in die Mitte). Muster ab * wiederholen. Die anderen 3 Stränge genauso arbeiten.
4. Fäden teilen, 7 cm straff spannen und versetzt 4 x 4 Fäden mit 1 Weberknoten zusammenhalten (4 Knüpf-, 4 Einlagefäden). Wieder teilen und nach ca. 6 cm mit 1 Weberknoten zusammennehmen, 6 cm straff spannen und wieder versetzt mit 1 Weberknoten verbinden. Fäden 10 cm spannen und mit dem längsten Faden abbinden. Fäden nach ca. 25 cm abschneiden und ausfransen.

Skandinavia
(im Bild der nächsten Seite links)

Länge 1,35 m

Material:
Makrameegarn gezwirnt, ⌀ 5 mm
6 Keramikoliven rot, 3 cm lang
6 Keramikkugeln rot, ⌀ 2 cm
2 Naturholzringe, ⌀ 10 cm
Zuschnitt:
12 Fäden à 8,50 m
12 Fäden à 2,80 m
1 Faden à 2,40 m

1. Aufhängeöse: Die 12 Fäden à 8,50 m parallel nebeneinanderlegen. In der Mitte den 2,40 m langen Faden einhängen und nach jeder Seite 8 Schlingenknoten gegenseitig arbeiten. Das Band zu einer Schlaufe legen und mit den kurzen Fäden über 24 Mittelfäden 3 Weberknoten fertigen. Die Enden der Knüpffäden dicht am letzten Weberknoten mit einem Überhandknoten versehen und abschneiden.
2. Fäden in 6 Gruppen zu je 4 Fäden aufteilen. Muster pro Strang: 5 Weberknoten, sämtliche Fäden mit Rippenknoten am 1. Holzring anknüpfen. Die anderen Stränge genauso. Nach dem Ring werden die einzelnen Weberknotenbänder wie folgt fortgesetzt: 1., 3. und 5. Band: 4 Weberknoten, die mittleren 2 Fäden durch 1 Olive ziehen, 4 Weberknoten.
2., 4. und 6. Band: Die beiden mittleren Fäden dicht unter dem Holzring durch eine Kugel ziehen, 1 Weberknoten, 10 Wellenknoten, 1 Weberknoten, die mittleren 2 Fäden wieder durch 1 Kugel ziehen. Fäden mit Rippenknoten am 2. Holzring anknüpfen.
3. Fäden in 3 Gruppen zu je 8 Fäden teilen (man nimmt dazu die 4 Fäden eines Stranges, rechts und links davon je 2 Fäden). Muster pro Strang: 1 Weberknoten (4 Knüpf-, 4 Einlagefäden), 10 Wellenknoten, 1 Weberknoten wie vor.

Die mittleren 2 Fäden durch 1 Olive ziehen. Bogenförmig um die Olive auf jeder Seite ein Band von 6 Weberknoten (2 Knüpf-, 1 Einlagefaden) legen und wieder mit 1 Weberknoten zusammenhalten. Fadenanzahl halbieren und mit je 4 Fäden ein Band von 35 cm Wellenknoten, 1 Weberknoten fertigen. Darauf achten, daß die kurzen Fäden als Einlagefäden in der Mitte sind. Die anderen Stränge gleich knüpfen.

4. An jedem Wellenknotenband je 2 Fäden 2 cm lang straff spannen, einen 2,80 m langen Faden darunterlegen und mit einem Weberknoten anknüpfen (s. Zeichn. S. 48). An die anderen Stränge die restlichen 2,80 m langen Fäden genauso anknüpfen (pro Wellenknotenstrang 2 Fäden). Nach jeweils 1,5–2 cm versetzt 8 Runden Weberknoten.

5. Von jedem 2. Weberknotenband die Fäden zur Mitte nehmen, ca. 6 cm straff spannen und mit dem längsten Faden über 23 Fäden abbinden. Mit den restlichen Fäden dicht an den letzten Weberknoten noch weitere 12 Weberknoten fertigen, so daß 6 Knotenbänder entstehen, diese jeweils in leichtem Bogen nach dem Abbinden, mit je 2 Fäden aus der Mitte, mit 1 Weberknoten zusammenhalten. Mit 2 Knüpf- und 4 Einlagefäden ca. 18 cm Wellenknoten arbeiten (kurze Fäden in die Mitte). Die anderen Stränge genauso knüpfen, mit den inneren Fäden nochmals 2 Wellenknotenstränge fertigen. Jeden Strang mit einem Überhandknoten versehen und nach ca. 5 cm Fäden abschneiden und ausfransen.

Arosa (im Bild rechts)

Länge 1,20 m

Material:
   Makrameegarn, ∅ 7-8 mm
   48 rote Holzkugeln, ∅ 2 cm
   1 Metallring, ∅ 10 cm
Zuschnitt:
   8 Fäden à 12,00 m
   1 Faden à 4,50 m

1. In den Metallring den 4,50 m langen Faden einhängen und den Ring mit Schlingenknoten gegenseitig einknüpfen. Enden verknoten und abschneiden.
2. Alle 12 m langen Fäden über den Ring legen, vorne und hinten gleich lang und mit 1 Faden über alle anderen abbinden. Fäden in 4 Gruppen zu je 4 Fäden aufteilen. Muster pro Strang: 1 Erbsmusche, 1 Feigenknoten (bestehend aus: 1 Weberknoten und 7 Flechtknoten wechselnder Breite, 1 Weberknoten), 1 Erbsmusche, 1 Feigenknoten, 1 Erbsmusche – an der letzten Erbsmusche die Fäden tauschen (kurze in die Mitte, mit den langen Fäden weiterknüpfen). * 1 Weberknoten, die beiden Knüpffäden durch je 1 Holzkugel ziehen, einen leichten Bogen legen, 2 Weberknoten; Mittelfäden 1,5 cm straff spannen, mit den Außenfäden einen leichten Bogen legen, 1 Weberknoten knüpfen und zurückschieben, so daß mit den Außenfäden 1 Schlaufe entsteht. Ab * 2mal wiederholen, nochmals 1 Weberknoten, die Außenfäden durch je 1 Kugel ziehen, 1 Weberknoten, 1 Erbsmusche. Fäden teilen und je 2 Bänder à 5 Kettknoten knüpfen. Die anderen 3 Stränge gleich arbeiten.
3. Versetzt jeweils 2 Kettknotenstränge mit 1 Erbsmusche zusammenhalten, wieder teilen zu 2 Strängen à 2$^1/_2$ Kettknoten, versetzt je 2 Stränge mit 1 Erbsmusche zusammenhalten. Darunter (2 Knüpf-, 2 Einlagefäden) 3 Weberknoten, versetzt darunter je 1 Feigenknoten wie oben. Nach dem Abschluß-Weberknoten Fäden 18 cm lang hängenlassen und jedes Fadenende mit 1 Holzkugel versehen, mit 1 Überhandknoten befestigen.

Kombination

Länge 1,60 m

Material:
Viskose-Sisal, ∅ 6-8 mm
Viskose braun, ∅ 6-8 mm
1 Metallring, ∅ 8 cm
2 Schildpattringe, ∅ 15 cm
4 Holzringe gebeizt, ∅ 7 cm
1 Holzkugel gebeizt, ∅ 5 cm
1 geflochtene Platte, ∅ 50 cm
Zuschnitt:
weiß: 8 Fäden à 7,60 m,
4 Fäden à 3,40 m
braun: 8 Fäden à 10,20 m

1. Die 8 Fäden à 7,60 m über den Metall-ring legen, vorne und hinten gleich lang. Mit allen Fäden ein Band von 20 cm Kronenknoten knüpfen (4 x 4 Fäden), Fäden in 8 Gruppen zu je 2 Fäden aufteilen und jeweils 3 Kettknoten fertigen. Alle Fäden mit Rippenknoten an den 1. Schildpattring anknüpfen.

2. Jeweils zwischen 2 zusammengehörenden Kettknotenbändern 1 Faden von 3,40 m Länge einhängen. Fäden in 4 Gruppen zu je 6 Fäden teilen. Muster pro Strang: 2 Weberknoten (4 Einlage- und 2 Knüpffäden), Fäden 8 cm straff spannen, 2 Weberknoten, mit Rippenknoten am 2. Ring anknüpfen. Mit den mittleren 4 Fäden (2 Einlage-, 2 Knüpffäden) 10 Weberknoten arbeiten, Abstand zwischen jedem Knoten 1,5–2 cm. Fäden teilen und 2 Bänder mit je 3 Kettknoten knüpfen. Die anderen Stränge genauso knüpfen. Immer 2 Kettknotenbänder versetzt mit einem Weberknoten zusammenhalten. Fäden wieder Teilen und je 3 Kettknoten fertigen, versetzt mit einem

Weberknoten zusammenhalten. Fäden 5 cm straff spannen und alle Fäden durch die Holzkugel ziehen. Fäden nach ca. 20 cm abschneiden.

3. Jeweils nach einem Kettknotenband, 1 eingehängten weißen Faden und wieder 1 Kettknotenband am 1. Schildpattring 2 braune Fäden einhängen. Muster pro Strang: Mit 4 braunen Fäden 2 Weberknoten, Fäden teilen und mit je 2 Fäden 10 Schlingenknoten gegenseitig knüpfen, dabei die inneren Fäden als Knüpf-, die äußeren Fäden als Leitfäden nehmen. Die anderen Stränge genauso arbeiten.

Einen braunen Holzring auf die gespannten weißen Fäden legen und auf jeder Seite ein Schlingenknotenband zuerst über den Holzring, dann unter den weißen Fäden durch und wieder über den Holzring ziehen. (Stränge kreuzen sich hinter den gespannten weißen Fäden.) Mit 2 Weberknoten zusammenhalten und an den 2. Holzring mit Rippenknoten anknüpfen.

4. Die noch übrigen danebenliegenden weißen Fäden werden jetzt als Leitfaden für das Rautenmuster verwendet. Von außen schräg zur Mitte je 1 Rippenknotenreihe, mit 1 Weberknoten zusammenhalten. Wieder je eine Rippenknotenreihe (mit den weißen Fäden als Leitfäden) schräg nach außen, mit den mittleren 4 braunen Fäden einen Weberknoten, mit den weißen Leitfäden wieder je 1 Rippenknotenreihe schräg zur Mitte knüpfen, mit 1 Weberknoten zusammenhalten, so daß 1 Raute entsteht. Weitere 10 Rauten, dabei zwischen jeder Raute 1 Weberknoten. Die weißen Leitfäden können rechts und links in der Mitte einer Raute etwas herausgezogen werden.

5. Anknüpfen der Platte: Vorne die braunen und hinten die weißen Fäden durch die Platte ziehen, mit einem Überhandknoten die Zeitungsablage befestigen. Die anderen 3 Stränge gleich knüpfen. Fäden nach ca. 12 cm abschneiden und ausfransen.

Varesa

Länge 1 m

Material:
 Makrameegarn, ∅ 3,5 mm
 1 Holzring lackiert, ∅ 5 cm
 12 gebeizte Holzkugeln, ∅ 2,5 cm
 1 gebeizte Holzkugel, ∅ 5 cm, mit
  kleinem Loch
Zuschnitt:
 1 Faden à 9,50 m
 15 Fäden à 8,50 m

1. Alle 8,50 m langen Fäden parallel nebeneinanderlegen, mit dem 9,50 m langen Faden in der Mitte ein Band von 15 Weberknoten knüpfen. Dieses Band zu einer Schlaufe legen, in die der Holzring eingehängt wird, mit dem längsten Faden über alle Fäden abbinden. Die mittleren 4 Fäden durch die große Holzkugel ziehen, dabei Kugel fest anziehen, mit den restlichen Fäden 7 Bänder Wellenknoten, 14 cm lang, (jeweils 2 Knüpf- und 2 Einlagefäden) fertigen. Die Wellenknotenbänder kreisförmig legen und unterhalb der Kugel mit 2 Weberknoten über 30 Mittelfäden zusammenhalten, dabei die Fäden, die durch die Kugel gezogen wurden, als Knüpffäden nehmen – fest anziehen.

2. Fäden in 4 Gruppen zu je 8 Fäden aufteilen. Muster pro Strang: Mit den beiden mittleren Fäden einen halben Rippenknoten knüpfen, diese beiden Fäden jeweils als Leitfäden nehmen und nach beiden Seiten (schräg nach außen) je 3 Rippenknoten arbeiten. Die Leitfäden hängenlassen. Von rechts und links jeweils den nächsten Faden gegeneinanderlegen (s. Zeichn. S. 48) und über diese beiden Leitfäden waagrecht die mittleren 4 Fäden mit Rippenknoten anknüpfen. Jetzt die beiden Einlagefäden nach beiden Seiten gut anziehen, bis sich die Rippenknotenreihe schließt. Mit den beiden zur Seite gelegten Leitfäden wieder jeweils eine Rippenknotenreihe schräg zur Mitte hin arbeiten, so daß ein Rautenmuster entsteht.

Die mittleren 2 Fäden durch eine Holzkugel ziehen, rechts und links davon je ein Band von 7 Weberknoten (2 Knüpf-, 1 Einlagefaden), einen leichten Bogen legen und wieder eine Raute knüpfen, dabei die 2 Fäden, die durch die Kugel gezogen wurden, als Leitfäden weiterführen.*

11 Reihen versetzte Weberknoten, Punkt 2 noch einmal wiederholen, Abschluß wie Anfang des Stranges bis *. Die anderen 3 Stränge genauso arbeiten.

3. Von jeder Raute die Fäden in 2 Gruppen teilen (2 Knüpf- und 2 Einlagefäden) und jeweils ein Band von 8 Weberknoten fertigen, jeweils 2 Bänder versetzt mit einer Raute (Punkt 2) zusammenhalten.

Punkt 3 wiederholen. Nochmals 8 Bänder zu je 4 Weberknoten knüpfen, sämtliche Bänder werden mit 2 Weberknoten über 30 Mittelfäden zusammengehalten.

4. Fäden in 10 Gruppen teilen: (8 Gruppen à 3 Fäden, 2 Gruppen à 4 Fäden) Pro Gruppe 10 Wellenknoten, 5 Weberknoten, 10 Wellenknoten, mit einem Überhandknoten abschließen. Den danebenliegenden Strang versetzt knüpfen: 5 Weber-, 10 Wellen- und 5 Weberknoten, abwechselnd die restlichen Bänder arbeiten, dabei jeweils die kurzen Fäden als Einlagefäden in die Mitte nehmen.

Mont Blanc

Länge 1,40 m

Material:
   Baumwollgarn 5 - 6 mm ⌀
   4 Holzoliven braun lackiert, 5 cm lang
   4 Holzkugeln braun lackiert, ⌀ 1 cm
   2 Holzkugeln braun lackiert, ⌀ 2 cm
   1 Holzring braun lackiert, ⌀ 10 cm
   1 Holzring braun lackiert, ⌀ 7 cm
Zuschnitt:
   4 Fäden à 11,60 m
   4 Fäden à 5,30 m
   2 Fäden à 4,40 m
   2 Fäden à 2,20 m

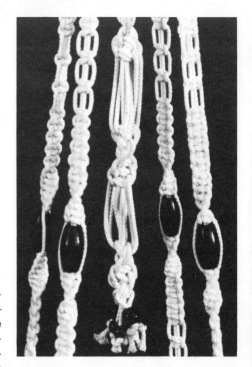

1. Fäden wie folgt in Ring 7 cm ⌀ einhängen: 11,60 m – 5,30 m – 11,60 m – 5,30 m – 11,60 m – 5,30 m – 11,60 m – 5,30 m, die kurzen Fäden (4,40 m und 2,20 m) darüberlegen und alle Fäden mit einem Weberknoten zusammenhalten (2 x 2 Knüpffäden über 20 Mittelfäden).
2. Mit den 4,40 m und 2,20 m langen Fäden 6 Wellenknoten (lange Fäden als Knüpffäden, die 4 kurzen Fäden als Einlagefäden), Fäden 8 cm lang straff spannen, 6 Wellenknoten, Fäden wieder 8 cm lang straff spannen und ab Punkt 2 noch 2mal wiederholen, wieder 6 Wellenknoten; die beiden Knüpffäden an jeder Seite durch je 1 Holzkugel von 2 cm ⌀ ziehen, die mittleren Fäden durch je 1 Holzkugel von 1 cm ⌀ ziehen, nach jeder Kugel einen Überhandknoten fertigen und die Enden abschneiden.
3. Die restlichen Fäden in 4 Gruppen teilen (je 2 lange und 2 kurze Fäden). 4 Wellenknotenstränge je 10 cm lang, dabei die kurzen Fäden als Einlagefäden nehmen. Alle Fäden mit Rippenknoten am großen Holzring anknüpfen, darauf achten, daß die Spiralen versetzt geknüpft werden, ein Band vorne – hinten – vorne – hinten (nicht im Kreis!).

4. Fäden in 4 Gruppen teilen (2 lange, 2 kurze Fäden). Muster pro Strang: 5 Weberknoten (kurze Fäden als Einlagefäden in die Mitte nehmen), kurze * Fäden 2 cm lang straff spannen und mit den 2 Knüpffäden einen leichten Bogen legen, 1 Weberknoten, ab * 2mal wiederholen, so daß 3 Bogen entstehen.
Das gesamte Muster ab 4. nochmals wiederholen, *5 Weberknoten,* 7 Wellenknoten, die 2 Einlagefäden durch 1 Olive ziehen, 7 Wellenknoten, Muster ab 4. bis zu den *5 Weberknoten* wiederholen. Die anderen 3 Stränge genauso knüpfen.
5. Fäden 9 cm straff spannen, versetzt mit 2 x 2 Fäden 1 Brezelknoten, 7 cm straff spannen, versetzt 1 Brezelknoten, 5 cm straff spannen, versetzt 1 Brezelknoten, Fäden 3 cm straff spannen und mit dem längsten Faden abbinden.
6. An die Fadenenden in verschiedenen Höhen je einen Kapuzinerknoten knüpfen.

Marina

(Bild auf der vorhergehenden Seite rechts)

Länge 1,30 m

Material:
Viscose-Sisal, ⌀ 6 - 8 mm
1 Metallring verchromt, ⌀ 5 cm
4 Rohholzkugeln, ⌀ 4 cm
Zuschnitt:
1 Faden 12 m
3 Fäden à 11,40 m
4 Fäden à   4,80 m

1. Die 4,80 m und 11,40 m langen Fäden über den Metallring legen, vorne und hinten gleich lang. Den 12 m langen Faden nach Zeichnung im Ring einhängen und ein Band von 8 Wellenknoten über 14 Mittelfäden knüpfen.
2. Fäden in 4 Gruppen zu je 4 Fäden (2 lange, 2 kurze Fäden) teilen. Muster pro Strang: 8 Weberknoten (kurze Fäden in die Mitte), 16 Wellenknoten, 8 Weberknoten, die 2 Mittelfäden durch eine Holzkugel ziehen und mit Wellenknoten solange weiterknüpfen, bis die Knüpffäden so kurz sind wie die Einlagefäden.
Fäden teilen und 2 Kettknotenstränge zu je 5 Knoten fertigen, die anderen 3 Stränge genauso arbeiten.
3. Jeweils 2 Kettknotenbänder versetzt mit einem Weberknoten zusammenhalten, wieder teilen zu je 2 Kettknotensträngen à 5 Knoten, versetzt mit 1 Weberknoten zusammenhalten, nochmals teilen zu je 2 Kettknoten. Darunter 5 Runden versetzte Weberknoten, eng knüpfen! Die letzte Weberknotenreihe gut anziehen, die Fäden nach 20 cm abschneiden und ausfransen.

Annette

Länge 1,30 m

Material:
Viskosegarn, ⌀ 6 - 7 mm
Zuschnitt:
Ampel: 1 Faden à 10,50 m
3 Fäden à 9,20 m
8 Fäden à 5,20 m
kleiner Topf: 6 Fäden à 2,00 m
6 Fäden à 1,30 m

1. Die 9,20 und 5,20 m langen Fäden parallel nebeneinander legen, mit dem 10,50 m langen Faden in der Mitte ein Band von 14 Weberknoten knüpfen, das Band zu einer Schlaufe legen und über die gesamten Fäden mit dem längsten Faden abbinden.
2. Fäden in 4 Gruppen zu je 6 Fäden teilen (2 lange, 4 kurze Fäden). Muster pro Strang: Die 4 kurzen Fäden als Einlagefäden nehmen und mit den 2 langen Fäden ein Band von 10 Weberknoten knüpfen, 15 cm flechten (mit 3 x 2 Fäden), 1 Weberknoten, 10 cm Wellenknoten, 1 Weberknoten, 15 cm flechten (kurze Fäden immer in die Mitte nehmen), 10 Weberknoten, 10 cm flechten, 1 Weberknoten. Das Band teilen und 2 Bänder zu je 4 Weberknoten knüpfen (1 Einlage-, 2 Knüpffäden). Die anderen Stränge genauso arbeiten.
3. Jeweils 2 Weberknotenbänder versetzt mit einem Weberknoten (2 Einlage-, 2 x 2 Knüpffäden) zusammenhalten. Wieder teilen und je 2 Bänder à 4 Weberknoten versetzt mit einem Weberknoten (2 Einlage-, 2 x 2 Knüpffäden) zusammenknüpfen. Alle Fäden 8 cm straff spannen und mit dem längsten Faden abbinden. Fransenlänge ca. 20 cm.
4. Einarbeiten des kleinen Topfes: Nach dem Wellenknotenband in die Schlinge des letzten Weberknotens je 3 Fäden (1 langer,

1 kurzer, 1 langer Faden) einhängen. Darauf achten, daß die Fäden innen eingehängt werden. Mit den eingehängten Fäden eines Stranges je 2 Weberknotenbänder (1 Einlage-, 2 Knüpffäden) zu je 4 Knoten arbeiten, dabei jeweils den kurzen Faden in die Mitte nehmen und mit den langen Fäden die Weberknoten fertigen. Jeweils 2 Weber-

knotenbänder versetzt mit einem Weberknoten (2 Einlage-, 2 x 2 Knüpffäden) zusammenhalten, wieder teilen und je 4 Weberknoten versetzt mit einem Weberknoten zusammenknüpfen. Fäden 5 cm straff spannen und mit dem längsten Faden abbinden (evtl. auch mit extra Faden). Fransenlänge 7–10 cm.

Kleines Waagscheit

Länge 1,00 m

Material:
Sisal, ∅ 3,5 mm
2 Holzkugeln braun lackiert, ∅ 2 cm
6 Holzoliven braun lackiert, 2 cm lang
1 schmiedeeisernes Waagscheit,
ca. 40 cm breit
Zuschnitt:
6 Fäden à 7,00 m
6 Fäden à 2,90 m
1 Faden à 2,70 m (Aufhänger)
1 Faden à 1,00 m

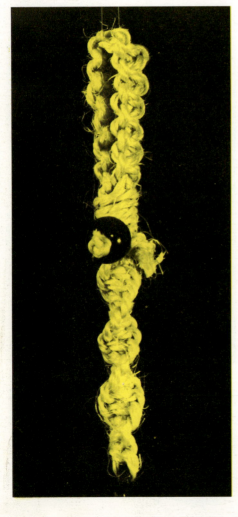

1. Aufhänger: Fäden 2,70 und 1 m lang in die Öse des Waagscheits einhängen. Den 1 m langen Faden in die Mitte nehmen und mit den langen Fäden ein Band von 10 cm Wellenknoten, anschließend 16 cm Weberknoten knüpfen. Das Weberknotenband zu einer Schlaufe legen und am Knotenwechsel (vom Wellen- zum Weberknoten) mit dem längsten Faden abbinden. Die beiden Knüpffäden je durch 1 Kugel ziehen, mit einem Überhandknoten direkt an der Schlaufe befestigen. Die mittleren Fäden abknoten und abschneiden.

2. Rechte Seite: 3 lange und 3 kurze Fäden durch die Öse im Waagscheit ziehen, vorne und hinten gleich lang. Fäden in 3 Gruppen zu je 2 kurzen und 2 langen Fäden teilen. Muster pro Strang: Kurze Fäden als Einlagefäden nehmen. 15 cm Wellenknoten, die mittleren 2 Fäden durch 1 Olive ziehen, 25 cm Wellenknoten, mit 1 Weberknoten abschließen. Fadenanzahl halbieren und 2 Bändchen mit je 4 Kettknoten knüpfen. Die beiden anderen Stränge gleich arbeiten.

3. Jeweils 2 Kettknotenbänder versetzt mit 1 Brezelknoten zusammenknüpfen. Fäden wieder teilen und je 4 Kettknoten fertigen, versetzt mit 1 Brezelknoten zusammennehmen. Mit dem längsten Faden abbinden. Fäden nach ca. 15 cm abschneiden und ausfransen.

4. Linke Seite gleich knüpfen.

Beutenlay

Länge 1,55 m

Material: Sisal 4fach, ∅ 7-8 mm
12 Holzkugeln dunkel, ∅ 3 cm
1 Metallring, ∅ 10 cm
1 Rohrring, ∅ 15 cm

Zuschnitt: 6 Fäden à 12,30 m
6 Fäden à 7,30 m
1 Faden à 3,50 m
1 Faden à 2,00 m

1. Den 3,50 m langen Faden in Metallring einhängen und den Ring mit Schlingenknoten gegenseitig einknüpfen. Enden zusammenknoten und
abschneiden.
2. Alle 12 Fäden über den Metallring legen, vorne
und hinten gleich lang. Mit 2 Fäden von rechts und
2 Fäden von links über alle Mittelfäden 2 Weberknoten knüpfen. Fäden in 6 Gruppen zu je 2 langen und 2 kurzen Fäden aufteilen. Kurze Fäden
immer als Leitfäden in die Mitte nehmen. Muster
pro Strang: 1 Weberknoten, Fäden teilen, mit je
2 Fäden 4 Schlingenknoten gegenseitig fertigen,
dabei jeweils mit den äußeren Fäden knüpfen und
die inneren als Leitfäden nehmen, 1 Weberknoten.
Am Ring mit Rippenknoten anknüpfen. 15 Schlingenknoten gegenseifig, im Wechsel 1mal mit dem
rechten und 1mal mit dem linken Faden über
2 Einlagefäden (Schlingenpicot), dabei mit den
Knüpffäden zwischen den einzelnen Knoten jeweils einen kleinen Bogen legen, 1 Erbsmusche,
15 Schlingenpicot, 1 Weberknoten. Jeden Knüpffaden durch 1 Holzkugel ziehen, wieder 1 Weberknoten. Das Band teilen zu 2 Schlingenknotenbändern à 10 Knoten, dabei jeweils mit den inneren Fäden knüpfen (äußere Leitfäden). Die anderen 5 Stränge gleich knüpfen.
3. Jeweils 2 Schlingenknotenbänder versetzt mit
1 Weberknoten zusammenhalten, wieder teilen
und je 4¹/₂ Kettknoten arbeiten, jeweils 2 Stränge
versetzt mit 1 Weberknoten zusammenhalten. Fäden 12 cm straff spannen und mit dem 2 m langen
Faden abbinden. Fäden nach ca. 30 cm abschneiden und ausfransen.

Montanara

Länge 1,55 m

Material: Jute, ∅ 6-8 mm
          2 Rohrringe, ∅ 15 cm
          4 Rohholzkugeln, ∅ 4 cm
          2 Rohholzkugeln, ∅ 2,5 cm

Zuschnitt: 1 Faden à 9,50 m
          7 Fäden à 8,40 m
          2 Fäden à 2,20 m (Rohrringe
          umwickeln)

1. Die beiden Rohrringe mit den 2,20 m
langen Fäden umwickeln, Enden verkleben.
2. Alle 8,40 m langen Fäden parallel
nebeneinanderlegen, in der Mitte mit dem
9,50 m langen Faden ein Band von 10 Weberknoten knüpfen (2 Knüpf-, 7 Einlagefäden), das Band zu einer Schlaufe legen
und mit 7 Wellenknoten zusammenhalten,
darauf achten, daß die Knüpffäden der Weberknoten auch die Knüpffäden der Wellenknoten sind (2 Knüpf-, 14 Einlagefäden).
Fäden in 8 Gruppen zu je 2 Fäden aufteilen
und jeweils 4 Kettknoten arbeiten. Die einzelnen Kettknotenbänder mit Rippenknoten
in gleichen Abständen am 1. Rohrring befestigen.
3. 1. Muster – „kreuzförmig eingeknüpfte
Erbsmusche" –.
Vorder- und Rückseite: Pro Muster 6 Fäden, mit dem rechten Faden als Leitfaden
eine Rippenknotenreihe schräg zur Mitte,
von links her dasselbe. Wieder mit den
Außenfäden als Leitfäden dicht an die
1. Rippenknotenreihe je eine weitere Rippenknotenreihe (pro Reihe 2 Knüpffäden).
Mit den mittleren 4 Fäden eine Erbsmusche
fertigen. Von der Mitte schräg nach außen
wieder 2 Rippenknotenreihen, dabei jeweils
die mittleren Fäden als Leitfäden nehmen.
Gegenüberliegende Seite Muster wiederholen.
2. Muster: Jetzt sind zwischen den beiden
1. Mustern noch je 2 Fäden übrig. Mit

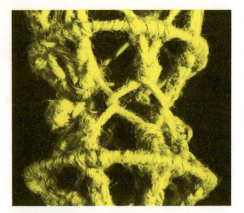

Großes Waagscheit

Länge ca. 1,40

A (im Bild rechts)

Material:
　Jute, ∅ 6-8 mm
　8 Holzkugeln, ∅ 4,5 cm (evtl. gebeizt
　und lackiert)
　4 Holzkugeln, ∅ 3 cm (evtl. gebeizt
　und lackiert)
　4 Holzringe, ∅ 7 cm (evtl. gebeizt und
　lackiert)

Zuschnitt:
　4 Fäden à 9,00 m
　4 Fäden à 4,60 m

2 nebeneinanderliegenden Fäden, nach ca. 2 cm Abstand vom Rohrring, 1 Überhandknoten, die Fäden auseinandernehmen und je 1 Faden unter dem äußeren Faden des 1. Musters durchschlingen, 1 Überhandknoten und nach 2 cm am 2. Rohrring mit Rippenknoten anknüpfen.

4. Fäden in 4 Gruppen zu je 4 Fäden aufteilen. Muster pro Strang: Alle 4 Fäden 5 cm lang straff spannen, 18 cm Wellenknoten, nach 1 cm Abstand 1 Erbsmusche, dabei Fäden austauschen (kurze Fäden in die Mitte nehmen!), 16 cm Wellenknoten, die 2 mittleren Fäden durch eine Kugel von 4 cm ∅ ziehen, 4 Weberknoten. Die anderen 3 Stränge genauso arbeiten.

5. Fäden 10 cm lang straff spannen und mit 2x2 Fäden versetzt einen Brezelknoten, wieder 14 cm straff spannen und mit 2x2 Fäden 1 Brezelknoten versetzt, 7 cm straff spannen und versetzt mit einem Weberknoten (2 Knüpf-, 2 Einlagefäden) zusammenhalten. Mit den beiden längsten Fäden über 14 Mittelfäden ein Band von 10 cm Wellenknoten, durch die beiden Knüpffäden je eine kleine Holzkugel ziehen und mit einem Überhandknoten, direkt am letzten Wellenknoten, befestigen. Fäden nach ca. 25 cm abschneiden und ausfransen.

1. Alle Fäden durch die Öse im Waagscheit ziehen. Vorne und hinten gleich lang. Mit 2 Fäden à 9 m über 14 Einlagefäden 8 Wellenknoten knüpfen. Fäden in 4 Gruppen zu je 2 langen und 2 kurzen Fäden teilen.

2. Muster pro Strang: Kurze Fäden als Einlagefäden nehmen und mit den langen Fäden 18 cm Wellenknoten, 1 Weberknoten knüpfen. Die 2 Einlagefäden durch 1 Holzkugel, 4,5 cm ∅ ziehen, die Knüpffäden um die Kugel legen, 1 Weberknoten, nach 1 cm Abstand 1 Erbsmusche, die 2 Einlagefäden durch 1 Holzkugel, ∅ 3 cm ziehen, die beiden Knüpffäden auf jeder Seite 6mal um den Holzring wickeln. (Die kurzen Fäden unter den Holzring und die langen Fäden über den Holzring legen.) Mit 1 Weberknoten zusammenhalten, darauf achten, daß die Kugel in der Mitte des Ringes sitzt. 1 Erbsmusche, die beiden Einlagefäden durch 1 Holzkugel, 4,5 cm ∅, ziehen, 1 Weberknoten, 8 cm Wellenknoten. Fadenanzahl halbieren (2x2 Fäden), jeweils den inneren Faden als Leitfaden nehmen und mit dem äußeren Faden 5 Schlingenknoten ge-

genseitig knüpfen. Die anderen 3 Stränge gleich arbeiten.

3. Jeweils 2 Schlingenknotenbänder versetzt mit 1 Weberknoten zusammenknüpfen. Fäden wieder teilen und 2 Bänder mit je 5 Schlingenknoten gegenseitig knüpfen, diesmal jedoch jeweils den äußeren Faden als Leitfaden nehmen. Versetzt je 2 Bänder mit 1 Weberknoten zusammenhalten, Fäden 8 cm straff spannen und mit dem längsten Faden abbinden. Fäden nach ca. 30 cm abschneiden und ausfransen.

B (im Bild links)
Material:
  Jute, ∅ 6-8 mm
  1 Rohrring, ∅ 12 cm
  *12 Holzkugeln, ∅ 3 cm (evtl. gebeizt
  und lackiert)*
Zuschnitt:
  1 Faden à 11,00 m
  5 Fäden à 9,50 m
  12 Fäden à 4,60 m

1. Alle Fäden à 9,50 m parallel nebeneinanderlegen, mit dem 11 m langen Faden in der Mitte ein Band von 10 Weberknoten knüpfen. Das Band durch den Haken am Waagscheit ziehen, zu einer Schlaufe legen und mit 1 Weberknoten (2 Knüpf-, 10 Einlagefäden) zusammenhalten. Mit 4x3 Fäden 10 cm Kronenknoten knüpfen. Alle Fäden mit Rippenknoten am Rohrring anknüpfen. Jeweils zwischen 2 Fäden des Kronenknotenbandes 2 Fäden à 4,60 m in Doppelaufhängung am Rohrring einhängen. Fäden in 6 Gruppen zu je 4 kurzen und 2 langen Fäden teilen.
2. Muster 1., 3., 5. Strang: Kurze Fäden in die Mitte nehmen, nach 1 cm Abstand vom Rohrring 1 Erbsmusche knüpfen, 5 Weberknoten, dabei zwischen jedem Knoten die 4 Einlagefäden 2 cm spannen und mit den Außenfäden einen leichten Bogen legen. Die Knüpffäden durch je 1 Holzkugel ziehen, die 4 Einlagefäden zwischen den Holzkugeln straff anziehen, 1 Weberknoten, 13 cm Wellenknoten, 1 Weberknoten, 1 Erbsmusche. Fäden in 2 Gruppen zu je 3 Fäden teilen und je ein Band von 9 cm flechten. Die anderen 3 Stränge umgekehrt arbeiten.
3. Versetzt jeweils 2 Bänder mit 1 Weberknoten zusammenhalten, teilen und wieder je 9 cm flechten, versetzt je 2 Bänder mit 1 Weberknoten zusammenknüpfen, Fäden 8 cm straff spannen und mit dem längsten Faden abbinden. Fäden nach ca. 32 cm abschneiden und ausfransen.

Arkade

Länge ca. 1,85 m

Material:
  Jute 6fach, ∅ ca. 5-6 mm
  2 Bambusringe, ∅ 15 cm
  8 Kugeln, ∅ 20 mm
  12 Oliven, 20x25 mm
Zuschnitte:
  12 Fäden à 8 m
  4 Fäden à 1,20 m
  je 1 Faden 1 m und 2,50 m

Diese Ampel kann eine Schale bis zu 45 cm Durchmesser tragen. Sie ist deshalb besonders geeignet für ein geräumiges Wohnzimmer oder einen Treppenaufgang.

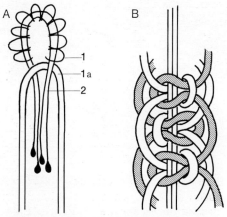

Arbeitsfolge: Die 4 Fäden à 1,20 m mitteln und einhängen. Mit dem 2,50-m-Faden über den Bruch eine Schlaufe mit ca. 14 Schlingenknoten gegenseitig knüpfen. Diese Fäden unter der Schlaufe kurz abbinden und verknoten (A2). Die Enden halten wir mit einem Überhandknoten zusammen, da diese nicht weiterverknüpft werden. Wir mitteln jetzt die 12 8-m-Fäden und legen diese in die Schlaufe ein (A1). Mit einem kurzen Faden jetzt nochmals alle Fäden zusammen abbinden und verknoten (A1a).

Jetzt beginnen wir mit jeweils 4 der langen Fäden ein Stäbchen aus 2 Weberknoten zu knüpfen. Rundherum 6 solcher Stäbchen, darunter versetzen und nochmals eine Reihe von 6 Stäbchen. Wieder versetzt und wiederholen.

Alle Fäden werden jetzt in den Ring gelegt und mit Rippenknoten (Kordon) an den Ring geknüpft. Es entstehen dabei 6 Gruppen, jeweils unter dem Stäbchen. Von hier aus knüpfen wir 4 Reihen von versetzten Weberknoten. Wieder alle Fäden durch den zweiten Ring und diesmal in 4 Gruppen zu je 6 Fäden mit Rippenknoten zum Ring knüpfen. Abstand von Ring zu Ring 14 cm. Hier beginnen wir die vier Träger zu knüp-

fen, jeder ca. 70 cm lang, aus Stäbchen von Weberknoten mit 6 Fäden, und zwar 2 Leitfäden und 4 Knüpffäden. Es empfiehlt sich, diese Knüpfart sehr gleichmäßig zu arbeiten. Die Schlaufen sollen jeweils so groß sein, daß der Weberknoten noch voll zu sehen ist (B).

Am Ende des Trägers die Fäden teilen. Drei von einem Träger mit dreien des nächsten Trägers zu einem Brezelknoten knüpfen. Diesen so plazieren, daß er gerade gut sichtbar an der Schalenwand liegt. Der Schalengröße entsprechend abbinden, die Enden kürzen und 12 der Fäden mit Oliven versehen, die restlichen 12 mit Knoten beenden.

Terrassenhänger

Länge 1,70 m

Material:
Jute 6fach, ⌀ ca. 5-6 mm, natur
3 Aststücke, ⌀ ca. 35 mm und 25 cm
lang
6 Holzscheiben aus einem ca.
5 cm starken Ast, 3 Stück gerade
geschnitten, 3 Stück diagonal
geschnitten
Zuschnitte:
6 Fäden à 12 m
3 Fäden à 3,80 m
je 1 Faden à 1 m und 2,50 m

Diese Ampel ist ein Schmuck für rustikale Zimmer oder Terrassen. Jute natur ist verhältnismäßig unempfindlich, sollte aber nicht ständig dem Regen ausgesetzt sein.
Arbeitsfolge: Alle Fäden mitteln und einhängen. Mit dem 2,50-m-Faden eine Schlaufe knüpfen (Schlingenknoten gegenseitig) und darunter kurz abbinden.
Hier werden die Fäden aufgeteilt, um 3 Spiralen aus halben Weberknoten (je 15 cm lang) zu knüpfen. Es werden je 2 kurze als Leitfäden und je 4 lange Fäden als Knüpffäden gebraucht, da hier mit doppeltem Knüpffaden gearbeitet wird.
Die 3 Holzstücke mit Schrauben oder Nägeln zuerst zu einem Dreieck zusammenfügen. Dieses Dreieck befestigen wir am Ende der Spiralen, indem wir die Knüpffäden einmal um das Holz wickeln und direkt darunter einen Weberknoten setzen. Die Träger sind ca. 60 cm lang. Auf halber Länge wird die diagonal geschnittene Scheibe (A) eingearbeitet. Die Holzscheibe ist der Länge nach durchbohrt. Die Leitfäden laufen durch und die Knüpffäden außen. Die obere und untere Hälfte des Trägers mit je 6–7 etwas unregelmäßigen Schlaufen knüpfen (C), Breite der Schlaufe etwa 8–9 cm. Schlaufen zwei- und dreistückweise gruppieren und jeweils mit einigen Weberknoten trennen.
Die Träger dieser Ampel sind in einer etwas freien Knüpfweise gestaltet, und man muß, um alle drei Holzscheiben auf gleiche Höhe zu bringen, mit einer Schlaufe oder Weberknoten mehr oder weniger ausgleichen. Als Abschluß des Trägers einen Weberknoten setzen. Nochmals 3 Holzscheiben doppelt durchbohren (B), die Fäden der Träger teilen und je 3 Fäden durch je ein Loch der Scheibe führen. Darunter dann abbinden, die Enden mit Überhandknoten versehen. Die Schwänze nach Belieben etwas auskämmen.

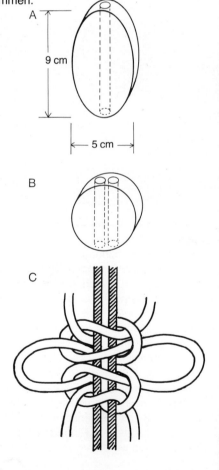

A

9 cm

|← 5 cm →|

B

C

Serenade Material: Sisal-Viskose, ∅ ca. 5-6 mm   Zuschnitte: 8 Fäden à 7 m
                1 Holzring, ∅ 10-11 cm   8 Fäden à 40 cm
Länge 1,70 m   1 Rohrring, ∅ 15 cm   1 Faden 2 m
                5 Kugeln, ∅ 50 mm
                je 8 Kugeln, ∅ 40 und 30 mm
                16 Kugeln, ∅ 20 mm

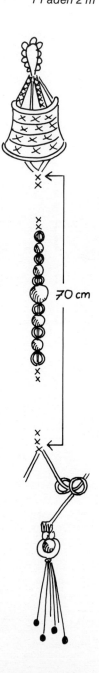

Ampeln müssen nicht nur Blumen tragen. Eine Schale mit einer Kerze oder ein flacher Korb, z. B. zur Ablage für Zeitungen, wäre ein weiterer Verwendungszweck für Ihre Knüpfarbeit.

Arbeitsfolge: Fäden so einhängen, daß wir 2 m und 5 m erhalten. Über den Bruch knüpfen wir mit dem 2-m-Faden die Schlaufe (Schlingenknoten gegenseitig), mit den Enden unter der Schlaufe abbinden und verknoten. Hier müssen wir die Fäden sortieren. Jeweils 2 kurze (Leitfäden) und 2 lange (Knüpffäden) werden zu einem 10 cm langen Stäbchen aus Weberknoten gearbeitet. Alle Fäden werden jetzt durch den kleinen Ring gelegt und mit Rippenknoten festgeknüpft.

Unter dem Ring knüpfen wir eine Reihe von Weberknoten mit versetzten Fäden, d. h. die langen Fäden werden die Leitfäden und die kurzen die Knüpffäden. Insgesamt werden 4 Reihen von versetzten Weberknoten geknüpft. Dann wiederum die Fäden durch den größeren Ring und mit Rippenknoten am Ring befestigen.

Hier werden die Fäden nochmals versetzt, dadurch haben wir wieder die kurzen als Leitfäden und die langen als Knüpffäden.

Die 4 Träger werden nach folgendem Muster geknüpft: 10 cm Weberknoten, Schlaufe, 30-mm-Kugel, Schlaufe, 40-cm-Kugel, Schlaufe, 50-cm-Kugel, Schlaufe und in umgekehrter Reihenfolge wieder zurück.

Am Ende des Trägers die Fäden teilen und Brezelknoten knüpfen. Um die Schale zu halten, knüpfen wir aus 4 Gruppen von Fäden 2 Kronenknoten. Unter den Kronenknoten legen wir die 50-cm-Kugel, lassen die Fäden darüberlaufen und binden mit einem kurzen Faden eng unter der Kugel ab. Enden stutzen und mit kleinen Kugeln verzieren.

Am unteren Ring werden jetzt noch die 40-cm-Fäden gemittelt und in den Zwischenräumen doppelt eingehängt. Somit ist der ganze Ring bedeckt. Diese Fäden werden dann zur Mitte zusammengenommen und mit einem kurzen Faden abgebunden. Die Enden stutzen und etwas auskämmen.

Allgäuer Juteampel mit Kuhglocke
(Bild auf der nächsten Seite)

Länge 1,40 m

Material:
- Jute, ∅ 6 - 8 mm
- 1 Metallring verchromt, ∅ 5 cm
- 1 Holzring natur, ∅ 5 cm
- 4 Holzringe gebeizt, ∅ 7 cm
- 8 Holzkugeln gebeizt, ∅ 3 cm
- 1 Kuhglocke

Zuschnitt:
- 2 Fäden à 13,50 m
- 4 Fäden à   5,70 m

1. Fäden im Wechsel in Metallring einhängen; in 4 Gruppen zu je 3 Fäden aufteilen (1 langer, 2 kurze Fäden). Mit allen Fäden ein Band von 20 cm Kronenknoten knüpfen, mit Rippenknoten die gesamten Fäden in den kleinen Holzring einarbeiten.

2. Wieder in 4 Gruppen (1 langer, 2 kurze Fäden) aufteilen. Muster pro Strang: Mit dem langen Faden über die beiden kurzen Fäden 18 cm Schlingenknoten knüpfen, Fäden 5 cm straff spannen, mit allen 3 Fäden einen Überhandknoten, Fäden wieder 5 cm lang straff spannen und mit Rippenknoten großen Holzring senkrecht einknüpfen. Den mittleren Faden durch eine Holzkugel ziehen, die äußeren Fäden neben der Kugel spannen und wieder mit Rippenknoten in Ring einknüpfen. Fäden 5 cm straff spannen, 1 Überhandknoten, wieder 5 cm straff spannen und mit dem langen Faden über die beiden kurzen Fäden 20 cm Schlingenknoten. Die anderen 3 Stränge genauso arbeiten.

3. Stränge 10 cm straff spannen und versetzt, je 2 nebeneinanderliegende Außenfäden durch eine Holzkugel ziehen. Die anderen Stränge genauso verbinden, bis alle 4 Kugeln eingearbeitet sind. Zwischen den Kugeln bleibt je ein Faden straff gespannt.
Fäden nach den Holzkugeln nochmals 9 cm spannen und mit dem längsten Faden abbinden (evtl. auch mit einem extra Faden). Fransenlänge ca. 20 cm.

4. Kuhglocke am Ende des Kronenknotenbandes einhängen.

Fäden einhängen   **Doppelaufhängung**   Fäden über den Ring legen, den längsten Faden über allen Mittelfäden einhängen.

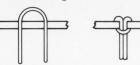

Aufwickeln der Fäden und mit einem Gummi zusammenhalten

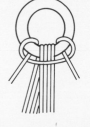

Weberknoten

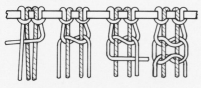

Einknüpfen des Ringes mit Schlingenknoten gegenseitig

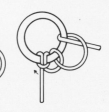

1a   oder 1b   2

Fäden parallel nebeneinanderlegen. Etwas unterhalb der Mitte mit einem gesonderten Faden ein Weberknotenband fertigen. Das Band zu einer Schlaufe legen und mit dem gleichen Faden über alle Mittelfäden abbinden.

Weberknotenschlaufe mit Ring

Weberknotenschlaufe als Aufhängeöse

Erbsmusche oder Perlknoten
4–5 Weberknoten; die Mittelfäden des Weberknotenbandes in leichtem Bogen nach oben legen und auf die Rückseite ziehen, mit einem Weberknoten befestigen. ▼

Auswechseln (austauschen) der Fäden
(kurze Fäden in die Mitte, mit den langen Fäden weiterknüpfen)

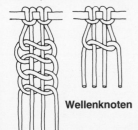

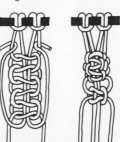

Wellenknoten

Fäden mit Weberknoten anknüpfen

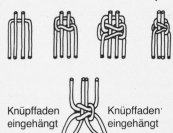

Knüpffaden
eingehängt

Knüpffaden·
eingehängt

Schlingenknoten gegenseitig (Schlingenpicot)

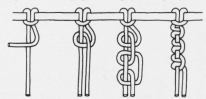

linker Faden = Leitfaden, rechter Faden = Knüpffaden

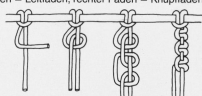

linker Faden = Knüpffaden, rechter Faden = Leitfaden

Beim Schlingenknoten gegenseitig werden über
den gleichen Leitfaden 2 Schlingen gelegt,
1. Faden über den Leitfaden,
2. Faden unter den Leitfaden legen.

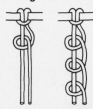

Schlingenknoten

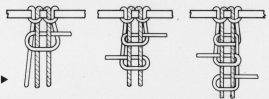

Schlingenknoten im Wechsel ▶

1. Mit dem rechten Faden über beide Mittelfäden 1 einfachen Schlingenknoten knüpfen.
2. Mit dem linken Faden über beide Mittelfäden 1 einfachen Schlingenknoten knüpfen.
3. Weiter im Wechsel.

Rippenknoten ▶

Rippenknotenraute
▼

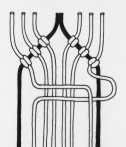
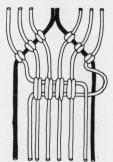

Rippenknotraute – in der Mitte
waagrechte Rippenknotenreihe
über 2 Leitfäden (1 von rechts,
1 von links gegeneinanderlegen) ▶

48